「9歳の壁」を越えるために

生活言語から学習言語への移行を考える

脇中起余子 著

北大路書房

はじめに

「9歳の壁」というのは、小学校高学年以降の教科学習が難しい、多面的な見方ができない、などの現象をさしており、聾学校でいちはやく指摘されてきましたが、実際は、聴覚障害児だけに見られる現象ではなく、聴児にも少なからず見られる現象です。

最近、「10歳の壁」という言い方が広まっているようですが、それは、NHKによる番組「〝10歳の壁〟を乗り越えろ―考える力をどう育てるか」(「クローズアップ現代」2009年6月18日放送)や、渡辺弥生氏による本『子どもの「10歳の壁」とは何か? 乗りこえるための発達心理学』(光文社 2011年)の影響によるものではないかと思います。NHKも渡辺氏も、「9歳の壁」という語が聾教育界で使われ始めたことを紹介しており、「10歳の壁」を「9歳の壁」とほぼ同じものとして扱っているようです。本書でも、両者は同じ現象をさすものとして扱います。

筆者が博士論文執筆などを通して「9歳の壁」に焦点をあてて考え続けてきた理由はいろいろありますが、最大の理由は以下の2点です。

・聾教育界におけるコミュニケーション論争をより生産的なものにするために、「９歳の壁」を越えるために必要な条件の分析が必要と考えたこと

筆者は、生後すぐに失聴し、京都府立聾学校幼稚部に入学しました。そして、大学入学後、聾教育や「９歳の壁」について考えるようになりました。最初は、自分が受けた教育（手話を否定する口話法）に疑問をもち、「口話の限界と手話の効果」を強調しましたが、その後、口話を否定する手話法の考え方が現れ始めたので、現在は「手話の限界と口話の効果」を強調せざるを得ない心境です。このように、聾教育界は、口話法と手話法の間で激しく揺れ動いていますが、筆者は、「９歳の壁」を越えるために必要な条件の分析が、聾教育界におけるコミュニケーション論争をより実りあるものにするために必要であると考えています。拙著『聴覚障害教育　これまでとこれから』（北大路書房２００９年）の中でも述べたように、筆者は、「９歳の壁」を、主には「生活言語」から「学習言語」への移行につまずく現象であると解釈しています。

・補聴器や人工内耳の進歩により「生活言語」の獲得に成功する例が増えているが、「学習言語」の獲得はまだ容易ではないこと

最近、補聴器や人工内耳が進歩し、特に人工内耳装用児が増えていますが、筆者としては、補聴器や人工内耳の装用により日常会話がスムーズにできるので、もう大丈夫と思われ、結果的に「放っておかれる」状態になり、気がついたら、助詞などの微妙な日本語や小学校高学年以降の学力が確実に身についていなかった、という例が増えることを懸念しています。つまり、日常会話の流ちょうさは、教室内でカリキュラムをこなせることを保証しません。それで、「9歳の壁」の実態の把握やそれを越えるための条件の分析が、人工内耳装用児や軽度難聴児に対する教育のあり方を考える際に必要であると考えています。

今回、「9歳の壁」に焦点をあてた本を執筆したいと思った理由は、いろいろありますが、主な理由は以下の5点です。

- 聴児における「9歳の壁」は聴覚障害児のそれと重なるので、聴覚障害児における「9歳の壁」についてまとめることに意味があるのではないかと思ったこと
- 学習面での「9歳の壁」を越えるために家庭や学校で必要な取り組みについて、もっと具体的に考えたいと思ったこと
- 「生活言語」と「学習言語」の違いについて、もっと具体的に考えたいと思ったこと
- 「9歳の壁」を越えるための条件を考えるとき、「一言語か二言語か」の要因のもつ意味をもっと深く考える必要性を感じたこと
- 「9歳の壁」を越えるために「集団」が必要であるが、その「集団」の意味をもっと深く考える必要性を感じたこと
- 一種の「先に進ませることを急ぐ早期教育」は、逆に「9歳の壁」を越えにくくさせるのではないかと思ったこと

9、10歳を過ぎてからでは遅い、などと危機感をあおっている本もありますが、筆者としては、先に進むことだけを考える早期教育（促成教育？）には賛成しかねます。その一方で、乳幼児期や小学校の時期の大切さを感じており、「高校生になってからでも、『9歳の壁』は越えられる！」と明言できないでいます。むしろ、言語領域では、年齢が高くなるほど格段の発達や進歩をとげることの難しさを感じています。

正直なところ、筆者は、聾学校の幼稚部や小学部で教えた経験がないので、「9歳の壁」というテーマで執筆して良いのかというためらいがあります。ですが、「学習面における9歳の壁を越えるために必要な手立てをもっと具体的に知りたい」「生活言語と学習言語の違いが具体的によくわからない」などの声を聞いたので、今回「9歳の壁」の内実とそれを越えるための方法についてもっと詳しく考えてまとめてみる価値があるのではないかと思いました。

本書の土台となった拙稿は、以下の通りです。したがって、本書では、聴覚障害教育に関わる記述が多くなっています。

・『K聾学校高等部の算数・数学における『9歳の壁』とその克服の方向性—手話と日本語の関係をどう考えるか』（龍谷大学博士論文　2005年）
・『聴覚障害教育　これまでとこれから—コミュニケーション論争・9歳の壁・障害認識を中心に』（北大路書房　2009年）

・『聴覚障害児と「9歳の壁」―「生活言語」から「学習言語」へ』聴覚障害、**718**（2011年1月号）、4―11

・『「視覚優位型・同時処理型」の生徒に対する指導について―算数・数学の授業における試み』聴覚障害、**734**（2012年5月号）、4―11

本書が、聴覚障害児を含むいろいろな子どもたちに関わる教員や保護者の参考になれば幸いです。

2013年3月

脇中起余子

もくじ

1章 9、10歳という質的転換期

最近「10歳の壁」ということばをよく聞きますが、これは「9歳の壁」と同じと思って良いでしょう。本章では、「9歳の壁」や9、10歳の質的転換期がどういう領域で話題になることが多いかを簡単にまとめます。

1 9歳の壁・9歳レベルの峠・10歳の壁

「9歳の壁」ということばは、東京教育大学附属聾学校の校長を務めた萩原浅五郎氏が、1964年に『ろう教育』誌の中で「9歳レベルの峠」と表現したの[1]が始まりとされていますが、聾教育現場では、それ以前から特に学力面において「9歳の壁」らしいものがあることが指摘されていました。1953年に発行された京都府立聾学校（以下「京都聾学校」と称します）の研究紀要[2]の中でも、「9歳の壁」ということばこそ出てきませんが、学力や社会性の面における「9歳の壁」と思われる現象が具体的に示されています。
1964年に発行された京都聾学校研究紀要[3]によると、標準学力検査を高等部生徒に実施したところ、偏差値の平均が50を切り始めるのは、算数は小6用のテストから、社会は小5用のテストからであり、国語は小3用のテストですでに50を切り、理科は小4用のテストですでに50を切っていたということです。そして、「ろう児の知的な能力が9才あるいは9才あまりで停滞するといわれる一般論を裏書きしていた」と記されています。
京都聾学校高等部で数学を担当した岡本稲丸氏は、「当時の口話法で育った生徒達は、数学では方程式が解けても、比の三用法（割合の計算）や文章題は難しく、国語は複雑な漢字が書けるのに、文章の主従関係、物事の定義、理由や関係を聞かれると当惑、従って、読解力、読書力は貧しかった」と述べています。[4]
聴覚障害児の読解力は小3～小4のあたりで横ばい状態になっていることが、現在のアメリカでも指摘されており、[5]「9歳の壁」の現象はアメリカでも見られるようです。日本の聾学校でも、読書力診断検査の結果「小学校5年生」前後のレベルと診断される例が多いことが、いろいろなところで報告されています。[6]
聾学校における授業改善の視点と方法を追求した坂本多朗氏は、全国の聾学校にアンケートを実施し、「学力が伸びなやむ時期」として小3～小4が62％を占めていたこと、「学力が伸びなやむ主要因が存在すると考えられる段階」として幼稚部から小3までが54％、小4が24％であったことを報告しています。[7]

発達心理学者である岡本夏木氏は、「『峠』という語に土着の聾教育が生み出してきた精神を見る思いがする」「その後は『9歳の壁』とよばれることの方が多くなった」と述べています。[8]

筑波大学附属聾学校（現在筑波大学附属聴覚特別支援学校、以下「附属聾学校」と称します）の副校長を務めた馬場顕氏は、「『9歳の壁』とは、聴覚障害児の平均的な学力の水準や、つまずきを表す用語として使われている」と述べ、萩原浅五郎氏は最初は「9歳レベルの峠」という用語を頻繁に用いたものの、1967年には「9歳レベルの壁」という表現を用いたことを紹介し、「それ以後、聾学校では、『9歳の壁』という表現は聴覚障害児の学力面でのつまずきや水準を端的に表す言葉として広く使われてきた」と述べています。[9]

筆者個人としては、「9歳の壁（峠）」という言い方は、日本では、少なくとも英語圏と比べて「1つの用語」として定着しているように感じます。[10] いろいろな論文を読むと、聴児並みの学力の獲得を聴覚障害児に求める度合いや雰囲気が国によって異なることがうかがえることから、[11] 筆者は、日本では、聴児並みの学力の獲得が強く求められていることが「9歳の壁（峠）」という用語の定着につながった可能性を考えています。

なお、最近、「10歳の壁」という言い方もよく聞くようになりました。[12] それは、NHKが2009年6月18日に放送した番組「〝10歳の壁〟を乗り越えろ―考える力をどう育てるか」[13]や、渡辺弥生氏による本『子どもの「10歳の壁」とは何か？ 乗りこえるための発達心理学』[14]の影響によるものでは

筆者の「壁」に対するイメージ

筆者の「峠」に対するイメージ

ないかと思います。NHKも渡辺氏も、その「壁」は聾教育界で指摘され始めたことを紹介しており、「10歳の壁」と「9歳の壁」を同じものとして扱っているようですが、「9歳の壁」ではなく「10歳の壁」という語を採用した理由については記されていません。

本書でも、「10歳の壁」と「9歳の壁」をほぼ同じものとして扱いますが、「9歳の壁」という語を用いることにします。その理由は、主には以下の3点です。

1つめは、聾教育界では、「9歳の壁」のほうがよく使われていると感じるからです。

2つめは、「峠」という語には、道をこつこつ歩いていけば越えられるというイメージがありますが、「壁」という語には、前進を阻むものという意味があり、壁の手前で立ちすくんでいる人が多いというイメージがあると感じるからです（イラストを参照）。筆者は、「9、10歳」のあたりに、まず人工内耳装用児が到着し、やがて補聴器装用児が到着しますが、今なお多くの聴覚障害児が「9、10歳の壁」の手前で立ちすくんでいるという印象を抱いています。もっとも、「誰でも地道に努力して進めば峠は越えられる」という信念がある人は、「峠」の言い方のほうを好むかもしれません。

3つめは、「壁」には空間を仕切るものという意味があるので、「峠」と比べると、壁の向こう側とこちら側は異質な空間であるというイメージがあると感じるからです。筆者は、「9歳の壁」は、有名な発達心理学者であるピアジェ（Piaget）の言う「具体的操作期」と「形式的操作期」を分かつものであると考えています。

❷「9歳の壁」は学力面だけでなく他の面でも現れること

加藤直樹氏は、9、10歳という時期は「書きことばの本格的獲得」の時期であると述べ、考えてから～する、思考をくぐらせる、論理的に思考する、自分の目で確かめて判断するという「概念砕き」が始まる、自分の将来を現実的にとらえるなどの特徴が見られ始める、自治集団が成立し始め、「ギャング・エイジ」の時期を迎える、などと述べています。[15]

滋賀県立聾話学校の教員を務めた森原都氏は、9、10歳の質的転換期を「具体から抽象へ移行していく時期」とし、認識面では、計画性と見通しをもって行動できるようになり、AとBの共通点や類似点が考えられるようになる、教科面では、話しことばから書きことばに移行する、かけ算やわり算を使う思考ができるようになる、人格面では、価値が多面化する、自分や他人、障害に対する見方が変容する、などの特徴が見られ始めると述べています。[16]

すなわち、「9歳の壁」を越えることは、学力面だけでなく、認識・人格・社会性の面でも転換期を迎えることです。個人差や例外はありますが、「9歳の壁を越えていない」と感じる人に多いと思われる傾向や具体的な例を、以下に記します。

(1) 学力面

・「京都聾学校の現在の校舎は、誰のお金で建てられたか」に対して「校長先生」「事務長先生」などと言います。「税金」や「年金」「保険」を説明しても、理解が難しいです。

・算数・数学において、計算問題はできても、文章題が難しいです。[17] 問題文全体に注意を払わず、細部に着目して、出てきた数字を組み合わせて式を考えて答える傾向が見られます。例えば「36」と「4」を見て、すぐにわり算の問題だと考え、「9」と答えます。

・自分と関係が薄い題材、AやBの記号を用いた文章になると思考が進みません。具体物や半具体物の呈示や使用によって、やっと少し具体的にイメージできるようになります。

・分数や小数の計算ができても、その意味を問う問題や分数を小数に直す問題に答えられません。「138の半分はいくつか」「30円の品物を5個買うといくらか」に正答できても、「xの半分」「30円の品物をx個買うといくらか」を式で表せません。「4×31は4の倍数か」に対して、「4×31＝124, 124÷4＝31余り0」と計算してやっと「4の倍数だ」と答えます。「3＋x」や「3x」「x^3」の混同がよく起きます。[18]

・2つの次元を組み合わせた概念（速度や濃度など）の理解が難しいです。例えば、速度は距離と時間の関係によって決まりますが、「距離が短い」ことや「時間が短い」ことを「速い」と短絡的に結びつけたりします。[19]
・「ここは、この理由からこの選択肢しか入らない」「もしこうだとすると、ここはこうなるはず」などと、論理的に筋道立てて答えを考えることが困難です。数独のような問題では、あてずっぽうに数字を入れ、うまくいかないと最初からやり直すことが多いです。

(2) 認識面

・計画性や見通しをもって行動できません。見落としがないように場合分けして順番にチェックするというような計画性がもちにくいです。場当たり的な言動が多いです。
・能率的に動きにくいです。目の前の1つの用事をすますことしか念頭にありません。
・「○か×か」「1か0か」という二分法的な思考形式が目立ちます。「これは悪い、これは良い」と単純に二分し、背景や状況によっては「○」が「×」に変わり得ることの理解が困難です。部分を否定されると、全体を否定されたと受け止めがちです。
・相手がその話を初めて聞くかどうかを考慮に入れた話し方が難しいです。例えば、A先生のことを知らない教員に対して、突然「先生はA先生に似ている」と言います。最初から「先生は、僕が小2のときに担任だったA先生と似ている」と言うことが難しいです。

・「視点の複数化」が難しいです。例えば、京都聾学校高等部1年生の自立活動で、「英語とアラビア語とではどちらが立派な言語と思うか」という質問に対して、教員側としては「立派な言語／立派でない言語というのはない」という回答や「その『立派』はどういう意味か」という質問が出ることを期待していましたが、結果は、20％の生徒が「同じ」、73％の生徒が「英語のほうが立派」と回答しました。某女子短大生の場合は、「同じ」が83％であったので、低年齢の子どもにとっての「立派」は、自分一人から見ての「立派」であるのに対し、大人にとっての「立派」は、いろいろな人の観点を同時にもった上での「立派」であることがうかがえるでしょう。[20]

（3）人格面・社会面

・「条件節（もし～）」の意味の理解が不十分なので、「そんなことを言い続けるなら絶交よ」と「絶交よ」の違いが理解できず、「絶交すると言った／言っていない」のケンカになったり、「そんな学習態度では合格できない」と言われた生徒が、「おまえは合格できないと言われた」と言って怒ったりします。「もし～ならどうする？」と聞かれ、それが起こりそうもない場合、「そんなことは絶対起こらない」と言って考えようとしません。

・自分と相手の立場の違いが理解できません。例えば、実習生と正社員とでは事情が違うことが理解できず、職場実習のとき、「この上司は、私にばかり命令して、あの人（若い正社員）には何も言わない。不公平だ」と言ったりします。

・自分にできないことを相手に要求します。「△△するべき」と聴者に言い、聴者が「それでは、今度はあなたが△△してね」と言うと、「ムリ」と言ってふくれたりします。
・「A君がこの方法を取らないからうまくいかない」と言ってA君を非難した人に、「もし自分がその方法を取ってうまくいかなかったとき、A君や皆からどう思われるか。逆に『名誉毀損だ』と訴えられる可能性がある」と話しても、なかなか理解されません。
・「聾者なら声を出すな」と「私は口話を否定していない」のように、大多数の人から見ると「矛盾」していることを、その場の雰囲気に左右されて口にします。「自分の中での一貫性」を考えて行動することができません。
・相手がどう受け止めるかを先回りして考えることができません。したがって、相手が気を悪くするかもしれないと考えて、自分の言動を調整することが難しいです。
・最近「障害認識」の重要性が指摘されていますが、それが難しいです。例えば、聴覚障害がある以上聴者並みに発音できないことは悪いことではありませんが、聴者から聞き返されて、「私の発音は上手よ。母がそう言ったもの」と苛立ちます。聴者の同僚に「私は発音を聞き返されるのが嫌」と言い、相手が「それは、わかったふりをしろという意味？」と戸惑って引いてしまうことに思いをはせることが難しいです。「手話はいらない」などと言い、「口話を活用することと口話法にしがみつくことは違う。口話法にしがみつく人は、結局聴者とも人間関係をうまく結べないことが多い」と話しても、理解が難しいです。

・自分も指輪をしているのに、友達のA子が指輪をしてくると、「自分のは5万円したけど、A子のは安物だから」などと、常識では理由にならないことを言って怒ります。

・遊びに行く約束を土壇場でキャンセルされたとき、その理由が「母の体調が悪いから」などであれば「仕方ない」と思えますが、「別の友達と遊びに行くから」などであれば気を悪くするものです。そのことを話しても、理解が困難です。

・万引きをしたとき、「店の人は利益が減って困る」ことは理解できますが、「あなたを信頼している人を裏切る行為である」ことの理解が難しいです。盗みを働いても、ばれない間は、罪悪感や罪の意識が薄いようです。「道義的責任」の理解が難しいです。

このように、「9歳の壁」は、学力面のみならず、認識面や人格面、社会性の面にも現れるものです。「9、10歳」という時期は、いろいろな面において質的転換をとげる時期であり、飛躍する時期であるとも言えるでしょう。

3 「9歳の壁」が話題となる領域

日本において、「9歳の壁」という現象ないし9、10歳という質的転換期は、聾教育現場以外では、主に以下の領域で話題にされているようです。

（1）「階層」と「9歳の壁」

教育社会学者である苅谷剛彦氏は、一般の子どもたちにおいて「階層」と学力の間に関連が見出されることを指摘しています。[21] 同和地区の児童・生徒の学力について、外川正明氏は、学力実態調査によって同和地区外の児童・生徒との学力格差は依然として解消されていないこと、しかもその格差は小学校高学年以降顕在化されることを指摘し、苅谷氏の言う「階層」の問題は同和地区の児童・生徒にも現れていることを指摘しています。[22] 外川氏は筆者に「この格差は、聴覚障害児の『9歳の壁』と重なる」と言われました。

（2）「学習遅滞」の子どもたちの比率

1992年に天野清氏らは、例えば小5の児童の点数が小4の平均点より低い場合「学習が1年遅れている」とみなすとすると、「学習が1年以上遅れている」と判断された子どもの比率は、算数・国語ともに小3から小4にかけて大きく増え、どの学年も国語が算数より高く現れていたことを報告しています。[23] さらに、2002年に苅谷剛彦氏らは、学力調査の結果、国語より算数・数学において学力が低下していたこと、特に小学校算数において学力が著しく低下していたことなどを述べています。[24]

2009～2010年に聴覚障害児を対象とする感覚器戦略研究が行われましたが、國末和也氏らは、下学年の学習をする児童が増える学年が小4であったことや、学年対応版を使用していても、算数は全国平均得点よりも低い結果になったことなどを報告しています。[25]

（3）帰国子女や移民の子どもたちにおける「壁」

「セミリンガル」現象に悩む帰国子女や移民の子どもたちは、ＢＩＣＳは両言語で身についているものの、ＣＡＬＰが両言語とも不十分な状態である例がよく見られるといいます（2章❶節（4）を参照）。つまり、日常会話は、2つの言語のどちらでもスムーズにできますが、書きことばや論理的な文章、抽象的な思考になると、小学校低学年レベルになってしまう例が多く見られるようです。

「母語による丁寧な指導が必要」と言われていますが、それは、母語で考えたり対話したりすることによって第二言語で考える力や思考力も伸びていくという意味や、家庭での対話や家族との絆は生きる意欲やアイデンティティの基盤になるので大切にする必要があるという意味があるのだろう、と筆者は受け止めています。

（4）異文化の受け入れ、アイデンティティ確立の面での「9歳の壁」

言語獲得に「臨界期」や「敏感期」があるのと同じように、異文化や異言語に対する柔軟性にも「臨界期」や「敏感期」があるという指摘があります。子どもの異文化体験について研究している箕浦康子氏は、9～14歳頃に、自分の所属意識やアイデンティティを確立するので、帰国時期がそれ以前かそれ以降かによってスムーズに日本に適応できる度合いが異なることを指摘しています。[26] つまり、言語獲得において「9歳の壁」があるのと同様に、異文化理解や異文化適応においても9、10歳は1つの質的転換期であるようです。これは、早期英語教育の主張の根拠の1つとなったと言えるでしょう。

(5) 自閉症における「9歳の壁」

一般的には、4歳前後の時期に、「自分はある事実を知っているが、それを知らない他者はどう考えるか？」を問う「心の理論」の問題[27]に答えられるようになると言われています。ところが、自閉症児または自閉症スペクトラム児は、知的能力の面であまり遅れを示さない者であってもこの「心の理論」の問題ができない例が多いことが、いろいろなところで指摘されています。その一方で、言語性知能検査で見た精神年齢が9、10歳ぐらいになると、「心の理論」の問題に正答できるようになる例が見られ、直観的な「心の理論」を欠いたまま言語的理由づけによる「心の理論」を形成する場合がある可能性を示唆する研究も出ています。[28]これらの研究は、自閉症児または自閉症スペクトラム児においても、9、10歳頃に1つの質的転換期があることを示唆すると言えるでしょう。

4 「9歳の壁」と解決方略

「9歳の壁」を越えていないと感じる生徒に特に目立つ思考方法や解決方略として、筆者は、以下の近接方略、対応方略、位置方略、除去方略などを考えました。[29]

（1）近接方略

位置的に、あるいは時間的に近接しているものを結びつける方略です。これを「近接方略」と称することにします。

例えば、公園に面している家の窓ガラスが割れていて、そばに野球ボールが落ちていたら、野球ボールが窓ガラスに当たって割れたと思うでしょう。Aが話題になっているときにBの話が出たら、BはAと関係があると受け止めるでしょう。つまり、「近接方略」は、大人でも多かれ少なかれ日常的に用いています。しかし、「……リンゴと箱に入っているおいしそうなメロン……」という文で「箱に入っている物」を問われて、「箱」に近い位置にある「リンゴ」と答えた例は、この「近接方略」を誤って使用した例と言えるでしょう。

算数・数学における「近接方略」の誤用例として、以下の例が考えられます。

「AはBより大きい」で、「大きい」により近い位置にある「B」が大きいと考えます。

「クジラ＞ゾウ＞馬＞犬＞ネズミ」の絵を見せられたとき、「馬は（　）より小さい」の「（　）」に入る選択肢として、「馬」のすぐ隣にある「ゾウ」しか考えません。

（2）対応方略

「私はこの靴を、妹はこの靴をはく」、「赤組の子は赤組の教室へ、黄組の子は黄組の教室へ行く」というように、「AならA'へ、BならB'へ」、「PならQへ、$\bar{P}$なら$\bar{Q}$へ」（「$\bar{P}$」は「Pでない」を

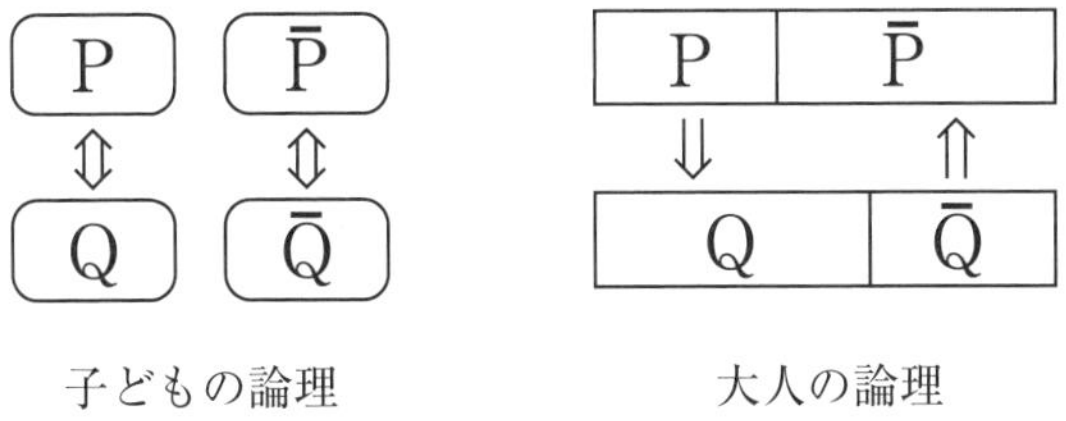

図1　「子どもの論理」と「大人の論理」

示す）という推論方略を、「対応方略」と称することにします。

子どもにとっての「犬」は、最初は目の前にいる「犬」として現れますが、いろいろな犬と出会い、次第に大人と同じ概念としての「犬」に変容していきます。つまり、概念は、最初は単なる「点」（名称）として現れますが、次第に「集合」として整えられていきます。「正方形は長方形とも言える」と聞いても「正方形は正方形だ」と言い張る子どもは、「1つの図形には1つの名称しかない」と考えていることになります。[30]「正方形は、正方形、長方形、菱形、四角形などとも言える」ことを理解している子どもにとっては、これらの図形の名称は「集合」としての体裁を整えていると言えるでしょう。

「点」的にしか考えられない子どもは、「PはQである」や「PならQとなる」について、「P」を「Q」と、「$\bar{P}$」を「$\bar{Q}$」と結びつけます。それで、「PはQである」（本命題）が成立するならば、「QはPである」（逆命題）、「$\bar{P}$は$\bar{Q}$である」（裏命題）、「$\bar{Q}$は$\bar{P}$である」（対偶命題）も成立すると考えることになります（図1の左側を参照）。一方、「多次元的・集合論的」に考えられる子どもにとっては、「P」と「$\bar{P}$」や「Q」と「$\bar{Q}$」は集合と補集合の関係になっているので、「P」と「¬P」の境界線と「Q」と「¬Q」の境界線の関係も考慮に入れられるようになります。そして、「PならばQである（が、QならばPであるとは言えない場合がある）」とき、PはQに含まれることを理解します。そして、「PはQである」（本命題）が真ならば、「¬Qは¬Pである」（対偶命題）は真であるが、「QはPである」（逆命題）や「¬Pは¬Qである」（裏命題）は必ずしも真ではないことが理解できるようになります（図1の右側を参照）。数学教育研究者である松尾吉知氏は、前者を「子どもの論理」、後者を「大人の論理」と呼んでいます。[31] 例えば「金属はある試薬に反応する。Aという物質はこの試薬に反応した。では、Aは金属か」に対して、「子どもの論理」をもつ人は「はい」と答え、「大人の論理」をもつ人は「これだけではAは金属かどうか判断できない」と答えることになります。[32]

（3）位置方略

「ゾウは動物である」と言えても「動物はゾウである」とは言えないことを知ると、語の位置（助詞との位置関係）にも意味があることを知ります。そして、「兄は弟を手伝う」の「兄」と「弟」が逆になれば意味も逆になるので、ある単語の位置が逆になると意味も逆になると考えることになります。これを以下「位置方略」と称することにします。

「日本の首都は東京である」と「東京は日本の首都である」を示すと、いずれか一方を「間違い」と言う聴覚障害児が見られます。助詞との位置関係が変わると意味が変わるので、両方とも正しい文であるはずがないと考えるのでしょう。

逆数の考え方を学び、「10の2倍は（　）」と「（　）の2倍は10」の両方に正答できるようになると、「（　）は10の2倍」に対して「10÷2＝5」と答える聴覚障害児が多いです。つまり、「（　）は10の2倍」は、「10の2倍は（　）」と比べると、「は」をはさんで右辺と左辺が入れ替わっていることから、逆数の考え方が必要と考えるようです。[33]

（4）除去方略

本とペンがあり、ペンを除去すれば本だけが残ります。すなわち「{本、ペン}－{ペン}＝{本}」となります。これを「除去方略」と称することにします。

式について、「$5\frac{2}{3}$（帯分数）$-5=\frac{2}{3}$」は成立しますが、「$2x-2=x$」、「$\sin\theta-\theta=\sin$」は成立しません。つまり、算数・数学においては「除去方略」が成立するときとしないときが見られ、このことが児童・生徒を混乱させているとも言えるでしょう。[34]

「9歳の壁」を越えていない生徒は、ある命題を与えられるとそれを無条件的に覚えますが、例外となるケースを聞くと、最初に与えられた命題を全面的に破棄するか例外を認めようとしないことがあります。それに対して、「9歳の壁」を越えている生徒は、例外となるケースを聞くと、それはどんな条件のときに例外となるのかを考えようとし、やがて、例外となるケースもうまく組み込んだ命題（知識）を組み立てていきます。

表1　算数・数学における「9歳の壁」前後の様相

基本的な特徴	段階ア	段階イ	段階ウ
(1) 答えが小数や分数、負の数になる計算問題（出てくる数字は全て自然数）[35]	小数や分数、負の数を学習済みでも、「(　) + 5 =3」「3 ÷(　) = 6」に対して、答えが自然数になるよう数字と出された演算子を組み合わせて「2」と答える。	「(　) + 5 = 3」「3 ÷(　) = 6」の位置関係に気を配り始めるので、「おかしい」と答えたり部分的に正答したりする。	「(　) + 5 = 3」「3 ÷(　) = 6」に対して、位置関係などを考慮に入れて正答するようになる。
(2)「～倍」文の理解（「①Aのx倍は（）」「②（）のx倍はC」「③Cは（）のx倍」「④（）はAのx倍」）[36]	出てきた数字や「A」「x」「の」「は」の位置関係を考慮に入れられず、①～④の全ての答えが自然数になるよう計算する（「A × x」とする）ので、①と④に正答し、②と③に誤答する傾向が見られる。	逆数の考え方を理解し始め、①と②に正答するが、④は①と比べると「は」をはさんで右辺と左辺が入れ替わるので、逆数の考え方を「過剰適用」し、誤答する傾向が見られる。	逆数の考え方やそれが適用できる条件を理解し、①～④の全てに正答できるようになる。
(3) 内包量理解（A車とB車のどちらが速いかを尋ねる問題）[37]	基本的に「距離が短い＝時間が短い＝速い」と考える。	2量がそれぞれ倍数関係にあるときに2量の関係を正しく判断する。	内包量を理解するので、全てに正答する。
(4) 岸本（1984）[38]の三段論法の文章題（2章❺節（4）を参照）。	①のような具体的な問題は、だいたいできる。	②のような現実にそぐわない問題がだいたいできるようになる。	③のようなことばだけによる思考が求められる問題がだいたいできる。
(5) 分数や文字式の意味の理解[39]	分数「A／B」をひとまとまりの数字としてとらえられない。具体的な数字でないと、立式できない。		分数「A／B」をひとまとまりの数字としてとらえられる。抽象的な文字であっても、立式が可能になる。
(6)「倍感覚」の問題[40]**や「おかしな文章題」**[41]**に関する反応**	「いくつ分」は、数字の範囲では計算できるが、重さや長さなどに関しては難しい。文章題では、文章をきちんと読まず、当てずっぽうに立式することが多い。		重さや長さ、体積の混同が減り、「いくつ分」を考えることが可能になり始める。文章題では、「おかしな文章題」かどうかを考えることが多くなる。

5 算数・数学における「9歳の壁」

筆者が博士論文でまとめたデータから見出しただいたいの様相を、前頁の表1にまとめました。「段階ア」は「9歳の壁」を越える前の段階を、「段階ウ」は「9歳の壁」を越えた後の段階を、「段階イ」はその中間の段階とします。

２章　「9歳の壁」と2つの言語形式

筆者は、「９歳の壁」を２つの言語形式（生活言語／学習言語、ＢＩＣＳ／ＣＡＬＰなど）と関連づけて考えています。本章では、「９歳の壁」と２つの言語形式の関連について私見を述べます。

1　2つの言語形式

同じ日本語や英語でも２つの言語形式があることが、いろいろなところで指摘されています（表２を参照）。

筆者は、「９歳の壁」とこの２つの言語形式は関連があると解釈しているので、以下順に詳しく述べていきます。

表2　2つの言語形式

(1)	話しことば	書きことば
(2)	一次的ことば	二次的ことば
(3)	大衆的言語 限定コード	形式的言語 精緻コード
(4)	BICS 伝達言語能力	CALP 学力言語能力
(5)	生活言語	学習言語

(1)「話しことば」と「書きことば」

「話しことば」と「書きことば」について、「話しことば」は話されたことば、音声を意味し、「書きことば」は書かれたことば、文字を意味するというイメージが強いようです。けれども、「話しことば」と「音声言語」は同義ではなく、また「書きことば」と「文字言語」は同義ではありません。

英語では、同じ「a」でもさまざまに発音されますが、日本語は、「あ」と発音される音節はほとんど「あ」と書いて良いでしょう。つまり、日本語は、音節と文字がほぼ1対1対応をなす言語です。例えば、「みかん」（3音節）であれば「みかん」という3文字となります。ひらがなを書き始めた幼児は、「お湯をわかす」を「おゆうおわかす」と書くというように、聞いたそのままをひらがなにすることがよく見られます。

しかし、日本語でも例外が少し見られます。例えば、「定期」の読み方を書く問題では「ていき」が正解となりますが、実際には「てえき」「てーき」という音声になります。

また、音声にはアクセントなどの情報が織り込まれており、「箸」と「橋」「端」（いずれも「はし」と読む）は、アクセントが異なるとされています。

さらに、話しことばでは許される文章が、改まった文書の中では「良くない文章」「座りが悪い文章」になることがあります。例えば、「すごく感動した」「とっても厳しい」「あんまり好きじゃない」は、作文などでは「非常に感動した」「きわめて厳しい」「あまり好きではない」などと書く必要があるでしょう。

（2）「一次的ことば」と「二次的ことば」

発達心理学者である岡本夏木氏は、「一次的ことば」と「二次的ことば」という用語を提唱しました。[42]「一次的ことば」は、具体的な状況や現実の場面の中で使われる言語であり、「話しことば」が主体であると言って良いでしょう。「二次的ことば」は、現実を離れた場面で誰が聞いてもわかるように話される文であり、文字という形や皆の前で発表する形をとることが多いです。「二次的ことば」では、「ことばでことばを理解する」ことが求められることが多く、「9歳の壁」はこの「二次的ことば」の獲得が困難な状況を示すと言えるでしょう。岡本氏は、「二次的ことば」の世界への参入を求められる子どもくるのはまさに小学校の中学年頃であり、『峠』とは、二次的ことばへの強制が本格化してくるのはまさに小学校の中学年頃であり、『峠』とは、二次的ことばの世界への参入を求められる子どもたちを待ちうけている苦難にほかならない」と述べています。

（3）「限定コード」と「精緻コード」

イギリスの社会学者であるバーンステイン（Bernstein）は、「大衆的言語」ないし「限定的言語」と「形式的言語」を区別し、中流以上の階層は前者と後者の両方とも使えるが、労働者層は前者しか使えない傾向があり、それが小学校高学年以降の学力獲得の度合いと関連すると述べています。[43] バーンステインの言う「restricted code」は「限定コード」「制限コード」などと訳されており、インフォーマルな場面で使用され、場面への依存度が高く、単文や重文、命令文が多いのに対し、「elaborated code」は「精緻コード」「精密コード」などと訳され、フォーマルな場面で使用され、場面への依存度が低く、複文や長文が多いという特徴をもちます。

同和地区の子どもたちの学力を追求している外川正明氏は、学校の授業は複雑な構造をもち論理的に情況を説明する「精緻コード」で行われるので、それに慣れていない子ども、短い文や「それ」「あれ」という指示代名詞が多く使われる「限定コード」で生活している子どもは、授業が理解できず、学力格差が再生産されるのであり、同和地区の子どもたちに小学校高学年以降顕著に現れる学力格差は、乳幼児期からもっていた弱さが顕在化されたものであると述べています。[44]

同じ日本語であっても、乳幼児期から「精緻コード」に親しんでいないと小学校高学年以降学力格差が現れるとすると、聾教育現場においても、単に日本語を獲得すれば「9歳の壁」を乗り越えられるとは限らないことになり、「精緻コード」を射程に入れた言語指導が求められるでしょう。この結果は、手話における「限定コード」と「精緻コード」の問題も提起することになり、単にどのコミュニケーション手段を採用するかという問題だけでなく、どのような質のやりとりが必要かについても考える必要性を示すでしょう。

（4）「ＢＩＣＳ」と「ＣＡＬＰ」

「ＢＩＣＳ（basic interpersonal communicative skills）」や「ＣＡＬＰ（cognitive academic language proficiency）」という用語は、特にバイリンガル教育に関する研究分野で用いられることが多いようです。

バイリンガル研究者であるベーカー（Baker）によれば、ＢＩＣＳは、「会話的能力」のことであり、コンテクストの支えがある場面で目や手の動き、表情などの非言語的な助けを借りて働くものです。それに対して、ＣＡＬＰは、「学力に結びついた言語能力」のことであり、コンテクストの支えがない学業的な場面で働くとされます。[45] したがって、特に小学校高学年以降に求められる「学力」は、後者のＣＡＬＰと密接に関連します。

このＢＩＣＳは「伝達言語能力」「基本的対人伝達能力」などと訳され、ＣＡＬＰは「学力言語能力」「認知・学習言語能力」などと訳されていますが、[46] 筆者は、「skill」と「proficiency」を同様に「能力」とするこの訳語で良いのかと思うことがあります。

２つの言語の習得開始が異なる場合、第二言語のＢＩＣＳについては、短期間でその言語を母語とする話者並みのレベルに到達するのに対し、第二言語のＣＡＬＰについては、その言語を母語とする話者並みのレベルに到達するには長期間かかることが、多くのバイリンガル研究者によって指摘されています。[47] これは、日常会話の流ちょうさは、教室内でカリキュラムをこなせることを保証しないことを示すと言えるでしょう。

（5）「生活言語」と「学習言語」

「生活言語」や「学習言語」という用語をタイトルに使用した論文は、齋藤佐和氏が１９８３年に記した「生活言語から学習言語へ」[48]が最初であるように思います。齋藤氏の話では、それまでも附属聾学校の中で普通に使っていたので、「聾学校用語」かと思っていたということです。ＢＩＣＳを「生活言語能力」、ＣＡＬＰを「学習言語能力」と訳する例も見られます。齋藤氏は、「聾教育の世界では、使用する言語のレベルの違いを『生活言語』『学習言語』という表現でよびならわしてきたが、その内実は岡本の一次的ことば、二次的ことばとほぼ対応する」「『話しことば』と『書きことば』の二重性だけでなく、状況依存の表現行動か、言語依存の伝達行動かという二重性、言語機能の親密性と公共性の二重性獲得への出発である」と述べ、「９歳の壁」を越えるためにも、その前の「５歳の坂」をていねいに扱う必要性を指摘しています。[49]

「生活言語」は家庭や日常会話の中でよく用いられ、「学習言語」は特に小学校高学年以降に学校や教室でよく用いられる言語なので、それぞれ「家庭言語」、「学校言語・教室言語」と言い換えても良いかもしれませんが、家庭で使われる言語は全て「生活言語」ではなく、学校で使われる言語は全て「学習言語」ではないことに留意する必要があります。

❷「生活言語/学習言語」と「9歳の壁」

「BICS」と「CALP」は、両方とも一種の技術や能力を意味しており、前者は「生活言語」を操る力で、後者は「学習言語」を操る力に該当すると言えるでしょう。この「BICS」と「CALP」にはいろいろな訳語があり、漢語に直すとどうしても一定のイメージが付与されるので、筆者は、博士論文では「BICS」と「CALP」を用いてきました。しかし、ほとんどイメージがわかない語句を使うと、文章の内容が頭に入りにくいことも事実です。本書では、わかりやすくまとめることを優先したいので、「生活言語」と「学習言語」を用いることにします。

同じ日本語でありながら、生活言語と学習言語は異質なものです。図2に示すように、「9歳」を境目にして、学校で用いられる言語の中心は、生活言語から学習言語に移行します。学校で本格的な教科学習に入り、教科と密接に関連する学習言語を駆使できない子どもは、教科内容の理解が困難になります。したがって、①生活言語を十分に獲得できておらず、小学校低学年の学習内容の理解が課題となる群、②生活言語は獲得できているが、学習言語に慣れておらず、小学校高学年以降の学習内容の理解が困難となる群、③学習言語も一定獲得できており、小学校高学年以降の学習が可能な群、の3つが考えられることになります。

この生活言語から学習言語へ移行する時期は、ピアジェの言う「具体的操作期」から「形式的操作期」へ移行する時期と重なっています。「形式的操作期」に入ると、具体物を離れ、形式的・抽象的

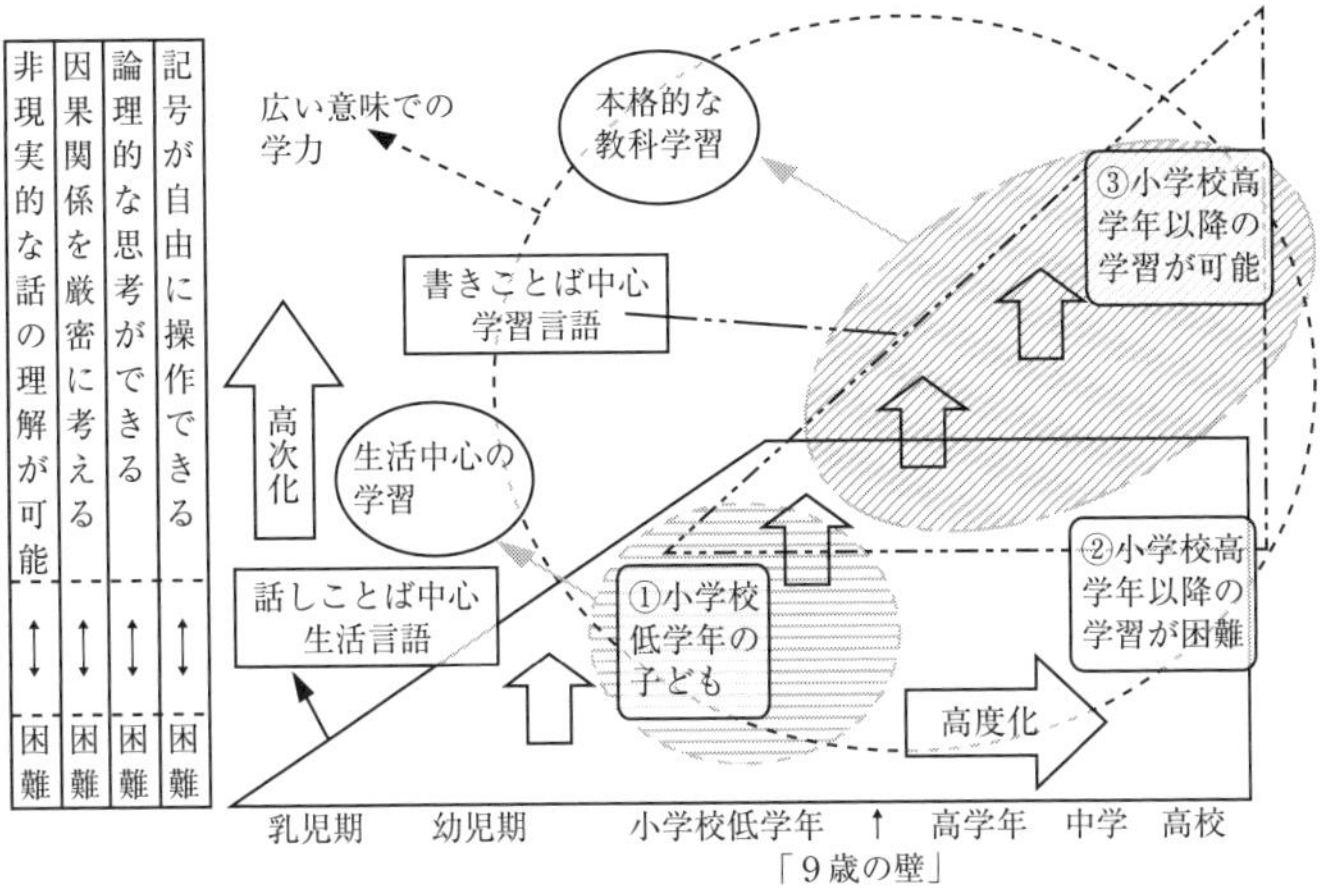

図2　生活言語と学習言語、「9歳の壁」の関連

な操作を伴う思考や「もし〜ならば〜」という仮説演繹推理ができるようになると言われています。非現実的な話や低コンテクストの話の理解、厳密な因果関係の推理、三段論法などの論理的思考、複数の条件を同時に考慮に入れた思考が難しいと、学習言語を駆使することは難しいことになるでしょう。教科学習は、このような特徴をもつ学習言語と関連しており、その学習言語の獲得には、生活言語を十分に獲得していることが前提の1つとなります。生活言語の獲得は、学習言語の獲得のための必要条件ですが、十分条件ではありません。したがって、「9歳の壁」を単に日本語の語彙の少なさや文章の意味の無理解に起因するものと考え、小学校低学年で使われる語彙の獲得だけに目を向けてはいけないことになるでしょう。

3 「9歳の壁」を越えていない群

　学習言語を獲得できており、小学校高学年以降の学習が可能な群を、「9歳の壁」を越えた群とすると、「9歳の壁」を越えていない群として、生活言語を十分に獲得しておらず、小学校低学年の学習内容の理解も課題となる群、生活言語は獲得できているが、学習言語に慣れておらず、小学校高学年以降の学習内容の理解が困難となる群、の2つが考えられます。両群の境界線はあいまいですが、聴児の場合は後者の例が多く、聴覚障害児の場合は前者の例が多いことを考慮に入れた指導が必要でしょう。[50]

(1)「西洋式の学校」のもつ意味をうかがわせる例

　「西洋式の学校」のもつ意味をうかがわせるものとして、コール（Cole）・スクリブナー（Scribner）の研究があります。[51] 彼らは、リベリアのクペレ族の長老に対してある質問をしましたが、この長老は村人の尊敬を集めている人であり、「知的な発達遅滞」などはないと思われるにもかかわらず、非現実的な問題で三段論法や論理的な考え方が求められる問題に答えられなかったということです。すなわち、この長老は、生活言語の世界の中では高度な問題を処理できますが、文脈から離れた非現実的な思考が求められる学習言語の世界の中では問題を処理できなかったのであり、なじみがない内容に対しても論理的な推論や思考ができるようになるためには、「西洋式の学校」という要因が関連していると彼らは指摘しています。同様の指摘は、ルリア（Luria）の研究にも見られます。筆者としては、この長老は、「生活言語は獲得できているが、学習言語に慣れておらず、小学校高学年以降の学習内容の理解が困難となる群」に属するように感じました。そもそも学習言語の獲得の必要性は、不特定多数の人とのコミュニケーションの必要性などと関連しており、「9歳の壁」が問題になる度合いは、昔（江戸時代など）は現代ほどでなかったと思われます。

他に、「ストリートチルドレン」と言われる子どもたちは、生活場面では複雑な計算処理ができるにもかかわらず、教科書に出てくるような問題に答えられなかったという例も、生活言語の世界と学習言語の世界での解決の仕方の違いを示唆すると言えるでしょう。

（2）国語と数学の比較より

聴児の学力について、天野清氏らが1992年に報告した調査結果によると、国語は算数より早く「学習遅滞」の比率が増えています。[52] そして、苅谷剛彦氏らが2002年に報告した調査結果によると、特に小学校算数において基礎学力の低下傾向が著しく現れていたということです。[53]

一方、聴覚障害児の学力について、京都聾学校が1964年に報告した結果によると、主要5教科の中で、聴児に比べて遅れが現れるのが最も遅かった教科は算数・数学であったということです。[54] それに対して、後に附属聾学校校長を務めた四日市章氏は、「他の教科に比べても、算数・数学の学力での発達の遅れがみられるようである」と述べていますが、[55] これは附属聾学校の生徒に関するものと思われます。筆者としては、以前は、数学が国語に比してできる生徒が多く見られたのに対し、最近は、国語が数学に比してできる生徒が増えているという印象を抱いています。

このように国語と算数・数学で異なる様相や見方が現れる原因として、「9歳の壁」には、「生活言語の未獲得・不十分さ」によるものと「生活言語は一定獲得できているが、文脈に依存しない思考や複数の条件を考慮に入れた思考が難しいこと」によるものがあり、前者の要因が大きい段階や問題で現れる困難点と後者の要因が大きい段階や問題で現れる困難点があるという可能性が考えられます。つまり、全体的には、「日本語の未獲得・不十分さ」による影響は、国語に現れやすく、「文脈に依存しない思考や複数の条件を考慮に入れた思考が難しいこと」による影響は、算数・数学に現れやすいということです。

4 「シンタグマティック」から「パラディグマティック」へ

岡本夏木氏は、「一次的ことば」や「二次的ことば」を、「語用辞典・文脈辞典」や「語彙辞典」、「シンタグマティック（syntagmatic）」や「パラディグマティック（paradigmatic）」の用語を用いて説明していますが、これについて以下詳しく述べます。[56]

(1) 言語連想テストから

先行研究によると、幼児は、「お母さん」から連想される語として「お父さん」のような語より「やさしい」のような語が多く、「犬」から連想される語として「ネコ」「ウサギ」のような語より「かわいい」「ほえる」のような語が多いようです。つまり、幼児にとっては、その語を含む文脈がまず喚起されやすいようです。「お母さん」と「やさしい」、「犬」と「かわいい」「ほえる」はシンタグマティックな関係（縦の関係）にあり、「お母さん」と「お父さん」、「犬」と「ネコ」「ウサギ」はパラディグマティックな関係（横の関係）にあります。岡本氏は、「記号論的に言うならば子どもの連想はシンタグマティックな関係から、パラディグマティックな関係へ変化する」と述べています。すなわち、小学校低学年以前はその語が含まれる慣用文脈（熟知文脈）がまず喚起されやすいのに対し、小学校高学年以降は文脈からは一応独立したかたちでその意味を喚起するようになるということです。

（2）単語の記憶テストから

岡本氏は、豊田弘司氏の研究を紹介しています。彼は、小2と小6の子どもに対して、ある単語（「おばけ」など）やある文（「おばけ　は　こわい」など）を記憶させ、それから別の単語を示して「先の記銘語や記銘文の中にあったか」を尋ねる問題を出しました。「意味的虚再認」は、「ゆうれい」のように「おばけ」と意味的に似ていることばを見て「先の記銘語・文の中にあった」と答えるものであり、「音韻的虚再認」は、「おまけ」のように「おばけ」と音韻的に似ていることばを見て「あった」と答えるものです。その結果、「おばけ」のように単語だけを記銘語として出す条件下では、小2では、意味的虚再認と音韻的虚再認が同程度であったのに対し、小6では、意味的虚再認が大きく増し、音韻的虚再認が減ったということです。ところが、「おばけ　は　こわい」のように文章を記銘文として出す条件下では、小2と小6の両方とも意味的虚再認を行った者が多く、音韻的虚再認は少なかったということです。これらの結果から岡本氏は、小2では、文脈的意味を背景にすることによって語の意味が活性化するのに対し、小6では、語が単独に呈示されようと文中に呈示されようと、語としての独立した意味をその語からとらえることができるようになっていると述べています。

（3）「文脈辞典」と「語彙辞典」

岡本氏は、先述の結果などから、幼児や低学年の子どものもつ辞書の形態は、辞書の典型とされるレキシコン（語彙集）のそれではまだなさそうであり、どちらかと言えば「語―文（句）辞典」や「文脈辞典」であると述べています。そして、小学校時代は、子どもが自分の内の文脈（語用）辞典をより豊かにさせながら、さらにそこから新しい形式の語彙辞典の編集へと進んでいく過程としてとらえることができるのであり、それは「二次的ことばの習熟期」にあたるとしています。

（4）『幼児・児童の連想語彙表』から

筆者は、国立国語研究所の『幼児・児童の連想語彙表』[57]を分析し、聴児・者において子どもと大人の間に違いがあることを見出しました[58]。すなわち、「動物」に含まれるものを多数掲げる問題において、聴児・者の場合、「ゾウ」「キリン」など通常どの動物園にもいると思われる動物の出現率は、子ども、大人ともに高く現れていたのに対し、「犬」「ネコ」など通常動物園にいるとは思われない動物の出現率は、子どもは大人に比して低く現れていました。このことから、低年齢では「動物園に行って見た動物」を思い出すというシンタグマティックな関係を利用した連想が多く、大人の場合は「動物とは何か」といういわばパラディグマティックな関係を利用した連想が多いように思われました。

なお、筆者は、この分析の中で、聴覚障害児の場合、小1以前では聴者の大人に近似した結果を示したのに対し、小3以降では聴児との差はほとんど見られなかったことを見出しており、これは、聾学校幼稚部で「ゾウ」「キリン」「犬」「ネコ」などの絵カードを用いて「動物の仲間」と教えていることと関連する可能性を指摘しました。現在の聾学校幼稚部での指導方法は以前と比べるとかなり変わってきていますが、以前はカードを多用する言語訓練が盛んに行われており、筆者自身もそれを経験しました。

（5）カード分類結果から

岡本氏は、「語彙としての独立は、当然そこに語と語の関係に基づくシステムの形成をうながす」と述べています。例えば、「上位―下位概念による階層的組織体」が作られるのと同時に、同（類）義語や反義語も正確にとらえられるようになっていきます。

ここで、「ゾウや犬―動物」や「バスや飛行機―乗り物」という「下位概念―上位概念」について、「ゾウや犬は動物の仲間」「バスや飛行機は乗り物の仲間」などと言えるからと言って、「上位―下位概念による階層的組織体」や「語彙辞典」が形成されており、「9歳の壁」を越えているとは言えないことに留意する必要があります。「犬は動物の仲間」などの「知識」は、カードなどを用いて教えることによって容易に授けられるからです。

清水美智子氏は、聴覚障害児に対してカード分類テストを行い、カードの分類については聴児に匹敵する結果を示したものの、その分類の理由づけについては聴児に比べると難しかったという結果を1961年に報告しています。[59] その25年後に筆者がこのカード分類テストを行ったところ、聴覚障害児は、絵カードを乗り物や家具に分類することについて、聴児にまさるとも劣らない結果を示しました。つまり、小1では、聴覚障害児は聴児より有意にすぐれていましたが、小2~小6では有意差を見出すことはできませんでした。その過程の中で、カードが1枚しかない仲間を作った聴覚障害児が聴児に比べて多く現れました。つまり、聴児の場合は、2枚以上の仲間を作るために分類基準を変えたりするのに対し、聴覚障害児の場合は、「ハトは鳥の仲間」と言って1枚しかない仲間を作り、テスターが「鳥の仲間はこのハトだけだね。では、別の仲間は作れないかな」と声かけしても、「ハトは鳥の仲間だからハトだけ」と言って仲間を作り直そうとしない例が見られました。分類作業を始める前にどんな仲間が作れると思うかを問う仲間予想テストにおいて、「鳥の仲間」など実際には1枚しかカードがない仲間が作れると予想した者の比率を比較すると、聴覚障害児は聴児より有意に高く現れており、聴児は「仲間を作るには2枚以上必要」と考えるのに対し、聴覚障害児は「aはAの仲間と教わったから、Aという仲間が1枚しかなくても作れる」と考えているらしいことがうかがえます。それについて、筆者は、「aはAの仲間」と覚えさせる当時の言語指導方法の影響によるものでないかと感じたと述べました[60]。

また、筆者は、先述した清水氏の追試の結果、カードの分類も理由づけも正しくできていた子どもの比率を見ると、小1~小2では聴児と聴覚障害児の間に有意差を見出すことはできなかったのに対し、小3~小5では聴覚障害児は聴児より有意に低く現れたことを見出しています。この理由について、先行研究では、聴覚障害児の語彙の少なさを掲げるものが多かったのですが、筆者は、正分類できたものの正しく理由づけできなかった聴覚障害児に対して、分類テストの後、「家具」などの範疇語を知らなかったのかを調べるために、「家具のカードを全部集めてください」などと指示したところ、正しく集めることができたのであり、それらの範疇語名を知らなかったわけではないことがわかりました。これらの結果から、筆者は、「言語知識」と「言語運用力」を区別し、聴覚障害児は「言語知識」の面では聴児に劣るものではないが、「言語運用」の面で聴児に比して弱さをもつのではないかと感じました。

この「言語知識」は、単にある語の意味を知っているかに関わるものであり、「言語運用」は、ある語がシンタグマティック・パラディグマティックに組織化され、その語彙を必要に応じて利用できることであるとも考えられるでしょう。

5 2つの言語形式と関わるいろいろなキーワード

2つの言語形式と関わるキーワードと思われるものを、表3にまとめてみました。

(1)「具体的思考」と「抽象的思考」

ピアジェの「具体的操作期」と「形式的操作期」は有名ですが、この境目のあたりに「9、10歳」という時期が重なっています。「具体的思考」だけでなく「抽象的思考」ができるようになると、具体物を扱わなくてもことばや記号だけで思考すること、経験したことがない事柄や実際に起こり得ない事柄を論理的に考えること、頭の中で2つ以上の命題を同時に扱うこと、時間軸との関係で物事をとらえ、将来のことを考えること、などができるようになります。

表3　2つの言語形式と関わるキーワード

	生活言語	学習言語
	語用辞典・文脈辞典 シンタグマティック	語彙辞典 パラディグマティック
(1)	具体的思考 経験知	抽象的思考 学校知
(2)	高コンテクスト 場面に依存的	低コンテクスト 場面から独立的
(3)	1条件下での思考 単次元的思考 単眼的思考	複数条件下での思考 多次元的思考 複眼的思考
(4)	現実的思考	論理的思考
(5)	訓読みが多い	音読みが多い
(6)	からだで覚える 全体的・直観的・情緒的・感覚的	頭で考えて獲得する 要素的・推論的・分析的・理性的
(7)	基本概念から出発した思考が中心	上位概念から出発した思考も可能となる

9歳以前の段階では、具体物がないと思考が進まないので、教室でも具体物や半具体物を使って考えさせることや実際に経験させることが重視されています。それに対して、9歳以降の段階では、具体物がなくてもことばだけで別の概念を築き上げることや、他人の話を聞いてあたかも自分が経験したかのように受け止めることができるようになります。小学校低学年では「生活中心の学習」であったのが、高学年以降は「本格的な教科学習」が始められます。

例えば、「お金」ということばは、硬貨やお札を見せて、「これがお金よ」と教えることができます。しかし、「税金」ということばは、具体的な物を見せて「これが税金よ」と教えることができません。働いている人々からお金を集めて、そのお金で道路や学校を作ったりするが、そのお金が「税金」である、というように説明する必要が

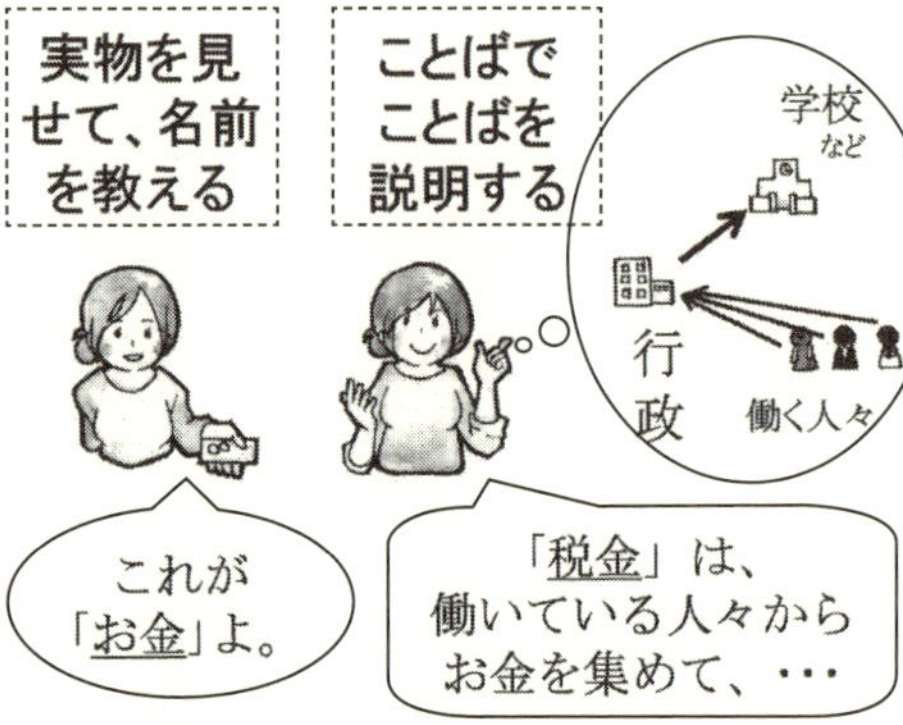
実物を見せて、名前を教える
ことばでことばを説明する
学校など
行政
働く人々
これが「お金」よ。
「税金」は、働いている人々からお金を集めて、・・・

あります。後者のようにことばでものやことばを理解することが、聴覚障害児にとっては難しいのです。

現在は、学校のない地域の話をあまり聞かないので、想像が難しいですが、「学習言語」の獲得のためには、状況を共有しない人にもわかるような話し方が求められる場とそのような話し方ができる力、それを聞いて自分が経験したかのように受け止める力、非現実的なことを考える力、論理的に考える力が必要なので、学校という制度が深く関わってきます。学校では、先生は不特定多数の人に向かった話し方をし、生徒はそこから情報をつかむ必要があります。また、生徒が話すときは、誰にでもわかる話し方が求められます。言わば、「生活言語」は「経験知」に、「学習言語」は「学校知」に関わると言えるでしょう。

(2)「高コンテクスト」と「低コンテクスト」

「①兄は妹より5kg重い」と「②AはBより5kg重い」とでは、作図のしやすさが異なります。①では、通常兄は妹より重いという「ありそうなこと」や「コンテクスト（文脈）」を手がかりにして作図できますが、②では、「は」や「より」の助詞を手がかりにして意味をつかむ必要があります。聾学校では、中学校や高校の範囲の計算問題ができるのに、②のような文章の作図が難しい例が多く見られます。中には、「ゾウは犬より（　）」に対してすぐに「重い」と答えられるのに、また「AはBより重い」で「主語はA、述語は重い」と言えるのに、AとBのどちらが重いのかが判断できない例が過去に見られました。つまり、低コンテクストにも対応できる力、助詞などの文法を手がかりにして意味をつかむ力、ことばだけを操作して思考する力が必要です。

(3)「1条件下での思考」と「複数条件下での思考」

幼稚部のある先生は、「あの子たちは、幼稚部のときから『ゾウは犬より重い』などとすらすら言えていたよ」と言われましたが、短い文では意味がわかるのに、2つの条件を組み合わせて考える必要がある問題になると、とたんに難しくなる例が見られます。例えば、「ゾウ＞馬＞犬のとき、（　）は馬より大きい」のような単文では正答できても、「クジラ＞ゾウ＞馬＞犬＞ネズミのとき、『Pは犬より大きく、ゾウはPより小さい』のPは？」に正答できません。[61] したがって、1つの条件だけを考えれば良い問題が解けても、2つの条件を組み合わせて考える必要がある問題が解けるとは限らないことになります。

量には、そのまま足せる「外延量」（長さ、重さ、時間など）とそのまま足せない「内包量」（2つの外延量の相互関係を表す概念、速さ、濃度、混み具合など）がありますが、後者の「内包量・単位量当たり」の指導が始められるのは9歳以降です。9歳までは、ワーキングメモリ（記憶容量）が小さいので、一度に複数の条件を考慮に入れて考えることが難しいと解釈することも可能でしょう。

（4）「現実的思考」と「論理的思考」

岸本裕史氏は、聴児に教えた経験から、「①みかんとキャラメルとでは、キャラメルが好き。キャラメルとチョコレートでは、チョコレートが好き。では、一番好きなものはどれか」のような問題が解けないと小2レベルの学習は難しく、「②もし、ネズミが犬より大きくて、犬がトラより大きいとしたら、ネズミとトラとでは、どちらが大きいか」のような問題が解けると、ことばだけ操作して思考することが可能であり、小3レベルの学習ができること、さらに、「③A、B、C、Dの4つの町がある。AはCより大きく、CはBより小さい。BはAより大きく、DはAの次に大きい。4つの町を大きい順に書け」のような問題が解けると、論理的思考が可能であり、小4レベルの学習ができることを述べています。[62]

そこで、筆者は、京都聾学校高等部の生徒に対して先述した問題を実施したところ、正答率は、①が82％、②が50％、③が39％でした。[63] また、②において、「ネズミは犬より小さいに決まっている」と言って思考や回答を拒否した例が見られましたが、この例は「現実から離れた思考」ができないことを意味すると言えるでしょう。また、③では、AやBといった何のイメージもわかない抽象的な記号に変わったこと、三段論法的な考え方が必要なことが、正答率を下げたと思われます。

（5）「訓読み」と「音読み」

「取り替えっこ」と「交換」を比べると、前者は「訓読み」からなる語で、後者は「音読み」からなる語です。音読みのほうが同音異義語が多いです。例えば、「こうかん」は、「交換、好感、高官、公刊……」などいろいろな意味の語が考えられます。それで、聴者の日本人でも、音読みの語を聞いて、頭の中で適切な漢字を探し、漢字がわかったとたんに「語の意味がわかった」と感じる人が多いでしょう。そして、生活言語では、学習言語と比べると、訓読みのことばが多いと言えるでしょう。訓読みのことばは、聞いただけでイメージがわき出てくるような語が多いので、イメージを付随させた形で習得するのが良い生活言語に適切であるとも言えるでしょう。

筆者が自分の子ども（幼児）に「交換しよう」と言ったとき、筆者に発音指導された先生[64]から「『取り替えっこしようね』と言うほうが良い」と言われたことがあります。そのとき「どっちだって同じ。うちの子はどちらも理解できている」と思いましたが、今から考えると、「幼児には、イメージと一緒に授けることが大切」と先生が考えておられたことの現れだったように思います。

（6）「からだで覚える」と「頭で考えて獲得する」

筆者としては、生活言語はからだで覚える、まるごと入れる、全体的・直観的・情緒的・感覚的に取り入れるものであり、学習言語は、頭で考えて獲得する、器などを使って整理しながら取り入れる、要素的・推論的・分析的・理性的に取り入れるものであると感じています。つまり、生活言語は、たくさんの文を場面と結びついた形でからだに溶け込ませるように獲得させることが効果的であり、学習言語は、「なぜ?」「もし~なら?」「それでは、あれは?」のような問いかけを多く行うことによって考えさせる(分析・推論させる)こと、そこで得られた文を分析して深め、拡げていくことが効果的であると考えています。そのため、小学校低学年までは、文法による言語指導は少なめにし、それよりも場面と結びついた形で、単語よりも文の形で獲得させたいと思います。この時期の幼児・児童は、大人と比べるといろいろなことばをあっという間に覚えていきます。語彙は乳幼児期に爆発的に増えること、外国へ行ったとき子どもは大人よりたくさんの語や文をすぐに覚えることを見ればわかるでしょう。しかし、徐々にまるごと覚える力は衰えていくので、たとえて言うと、「買い物袋」や「整理箱」が必要になってきます。「大人でも、素手では持てる品物の数に限りがあるが、袋や入れ物があると持てる品物の数は増える。しかも、整理しながら入れると、持てる数がさらに増える」ということです。

なお、筆者は、「図形、全体、情緒」と関わる右脳が、「言語、要素、理性」と関わる左脳より先に発達すると聞いたことがあり、「生活言語の特徴は右脳の働きと、学習言語の特徴は左脳の働きと重なるかもしれない、そして、第二言語・外国語の理解には、右脳を通しての理解と左脳を通しての理解があるかもしれない」と思いました。すなわち、筆者は、中学校以降英語を学習したので、頭の中では日本語を介しての読解・理解がまだ多いように思います。実際、日本語の単語を見ると、字は単なる記号ではなくイメージが背景にある生き生きした記号（絵と言えば言いすぎですが）のような感じがすることが多いのに対し、英単語は無色・無味乾燥な記号にしか見えません。論文のような英文のほうが、絵本の英文より読みやすいと感じることも多いです。しかし、英語のことわざのようなフレーズが出てくると、それを知らない場合とたんにお手上げです。幼少時から英語に親しんでいる人は、英単語が生き生きした記号に見えるのではないかと想像します。

そして、日本語の場合も、幼少時からまるごと取り入れることによる理屈抜きでの理解と、記号的解釈や理屈を通しての理解があるかもしれません。実は、理屈を通しての理解であっても、何回も使っていくうちに無意識のうちに使えるようになるので、両者の区別は難しいでしょう。たとえて言うと、ねじ回しを無意識のうちに正しく使う人と、締めるときは「の」の字を描くように回すと覚えてそれを心の中で唱えながら使う人の違いかもしれません（けれども、後者の人でも、何回も経験するうちに無意識に使えるようになっていくでしょう）。あるいは、「ドップラー効果」を覚えるときの、経験に裏打ちされた覚え方と筆者の覚え方の違いと重なるかもしれません。つまり音源が近づくと高く聞こえ、遠ざかると低く聞こえることを覚えるとき、「確かにその経験がある」と言う人はすぐに覚えられるようですが、高い音が聞こえにくい筆者としては、「音が近づくと低く聞こえる」ように思えてなりませんでした。それで、「ドップラー効果と言えば、知多（「近づく」の「ち」と「高い」の「た」を組み合わせたもの）半島」と覚えたものでした。

日本語のひらがなやカタカナを読み取るとき左脳が働くと聞く一方で、表意文字である漢字については、1字だけの漢字を読み取るときは右脳がよく働く、漢字の混じった文を読み取るときは左脳と右脳がともに働く、とも聞きます。これが「日本語は右脳と左脳の両方を使う言語だが、英語は左脳を使う言語である」とちまたで言われるゆえんでしょう。その一方で、「手話は、英語などと同じ左脳を使う。手話は音声言語と対等な言語である」という話も聞きます。右脳や左脳の働きと言語理解・言語産出との関わりについては諸説が見られるので、本書ではこれ以上ふれることは控えます。

(7)「基本概念から出発した思考」と「上位概念から出発した思考」・「計画性」

筆者は、先述した清水氏の追試において、カード分類作業の過程（どんな順番で集めているか）を記録したところ、聴児の場合は、小学校低学年では「これは乗り物、これは家具、これは動物、これは乗り物……」というように分類していくのに対し、高学年以降では「乗り物であるものはこれとこれ……、家具であるものはこれとこれ……」というように分類していくこと、聴覚障害児の場合は、分類結果そのものは聴児に匹敵する結果であっても、分類作業の過程を見ると、聴児の小学校低学年の過程に近似した者が高学年でも多かったことを見出しました[65]。特に、聴覚障害児を非言語性知能検査によって群分けしたところ、MA（精神年齢）11:3以上と推定される群とMA10:5以下と推定される群（MA10:5と11:3の間に位置した例は皆無であった）の間に、非常に明瞭な違いが現れました。すなわち11:3以上の者は聴児の高学年の分類過程に似た結果を示し、10:5以下の者は聴児の低学年の分類過程に似

た結果を示しました。聴覚障害児は、一般的に非言語性検査は言語性検査より良い結果を示すので、言語性知能検査の結果を加味すると、このMAの数値はもう少し低く現れると思われます。そして、このあたりが「9、10歳」の質的転換期と関係するのかもしれません。

この「上位概念から出発した思考」は、「計画性」とも関連があると言えるでしょう。

ここで、どんな仲間が作れるかを予想できるかどうかが分類過程に影響を及ぼした可能性が考えられますが、聴児の小2～小3は、小4～小5と比べて仲間予想が困難であったということはなく、むしろどちらかと言えば逆でした。つまり、小2～小3は、「鳥……虫……魚……」などと予想したのに対し、小4～小5は、「えーと……（カードを見渡しながら）鳥……いや、動物の仲間が作れるかな……」と慎重に予想しようとした例が多いように見受けられました。

これらのことは、範疇語が分類過程に及ぼす影響が小2〜小3と小4〜小5とで異なることや、岡本夏木氏の言う「シンタグマティックからパラディグマティックへ」と重なるように思います。すなわち、聴児は、小学校高学年になると、パラディグマティックな関係を確立し、カード全体を見渡して、「動物であるものはこれとこれ……」というように、上位概念から出発した分類作業を行います。それに対し、低学年では、「金魚は魚だけど、（カードを見渡して）1枚しかない。あ、生きているものの仲間が作れるな」というように、いわばシンタグマティックな関係に基づいて、自分にとって基本的な概念（「金魚」「ハト」など）から出発した分類作業（「金魚→魚」、「ハト→鳥」など）を行い、仲間が1枚しかない事態に直面してから、視点や発想の変換を行い、新たな仲間を作り出している（「金魚」と「ハト」が入る仲間を考え、「生き物」にたどり着く）と思われます。

6 「具体的」と「形式的」

数学者・数学教育運動家である銀林浩氏によると、「初等段階」（小1〜小4）では、「やり方がわかる」という「アルゴリズムの把握」によって達成感が得られやすく、「計算ができることに無上の喜びを感じ、文章題などには、『掛けた割った』といった形式主義的な態度をとることが多い」「先生のくれた○や×にまことに素直に反応する」「『できる』ことによって『わかる』という側面が強い」などの特徴が見られます。それに対し、「中等段階」（小5～中2）になると、問題の状況は経験したものとは限らなくなるうえに、「やり方がわかる」だけでは満足せず、「わけがわかる」という「意味の理解」まで進もうとする傾向があるので、「より実質的に考えるようになってくる」「物事の本質はどうなっているかに眼を向け始める」「言語そのものについて関心を持ち始める」「ただ計算力の獲得だけで満足するということはなくなる」「自分の独自の思考を、あるいは自分の思考の主体性を（無意識ではあれ）持つ」などの特徴が見られるようになると述べています。[66]

銀林氏は、「水と水槽で100gある。（1）50gの水を入れたとき、（2）50gの木ぎれを浮かせたとき、（3）50gの魚を泳がせたとき、はかりの目盛りはどこをさすか」という「重さの加法性のテスト」で、小4のほうが小5から中1までの各学年より出来が良かったことを紹介しています。筆者の子ども（聴児、小5）は、この問題に対して「木ぎれは、浮力があるから、単純に『＋50g』ではないと思う。同じ体重でも、人間の赤ちゃんと犬とで抱いたときに感じる重さが違う」と述べていました。これは、無原則的な「形式的適用」を行わなくなり、別の概念（浮力）や個人的な経験との関連を考えようとしていることの現れと言えるでしょう。銀林氏も、小4の子どもは「ただ形の上で機械的に答えを求めた」にすぎないのであり、小5以降の子どもは「内容に即して考えた」ゆえにつまずいたと述べています。ピアジェは、「具体的操作期」から「形式的操作期」に移行すると述べていますが、銀林氏は、「数学教育においては、前者の方が一見形式主義的な名目的傾向として現れ、むしろ後者の方が具体的思考の特色を示す」ゆえに、この「具体的」「形式的」という形容詞は誤解を招きやすいと述べています。

3章 「9歳の壁」と聾教育

「9歳の壁」の存在が最初にクローズアップされたのは、聾教育現場においてでした。本章では、「9歳の壁」と聾教育の関わりについてまとめます。

1 聾学校での言語指導の変遷と「9歳の壁」

小学校高学年以降の教科学習が難しい、計画性をもって行動できない、多面的な見方ができない、などの現象を意味する「9歳の壁」は、特に聾学校で昔から指摘されており、さまざまな方法で言語指導が行われてきました。けれども、「9歳の壁」の現象は今なお多く指摘されています。筆者としては、表4に記したような流れがあると感じています。

段階Iでは、「生活言語」と「学習言語」はほとんど区別されず、「学校へ行きさえすればどの子どもも目標を達成できる」とし、それが達成できなかったならば、それは子どもの登校日数や努力、

表4　聾学校での言語指導の変遷

段階	「生活言語」と「学習言語」の区別	第一義的な目標	聾教育現場で取られた手立ての例	聾教育の方法（コミュニケーションに関わって）[67]
Ⅰ	ほとんど注目されず	教育の保障 生活言語（基本的な日本語）の獲得	聾学校の就学義務化 幼稚部教育の推進 補聴器の開発と購入時の補助 聴覚障害の早期発見	戦前の純粋口話法 戦後の聴覚口話法
Ⅱ		生活言語（基本的な日本語）の充実	遊びや体験の重視 自然法の採用 聴覚障害の超早期発見 人工内耳の開発	手話の採用・併用 「バイリンガル聾教育」の考え方の台頭
Ⅲ	両者の違いに注目	学習言語の獲得のための下地作り	考える力の重視 学習言語獲得のためのレディネスの診断法の研究？	願わくば「口話と手話を包括する方法」へ

能力の不足が原因であるとする雰囲気が強かったと言えるでしょう。「聴児は小学校入学までに約3000語の日本語単語を獲得する」と言われているので、聴覚障害児もこの3000語さえ獲得できれば小学校以降の教科学習が可能になると考え、絵カードなどを多用して「やみくもに」語彙の拡大に努めた聾学校が見られました。

段階Ⅱでは、同じ語彙（3000語）であってもその内実が豊かであるかどうかによって、その後の学習状況に差が生じることから、語彙を豊かに使えるようにさせることを目的とし、遊びや体験、自然なコミュニケーションを重視するところが増えてきました。自然法（母親法）の採用や手話の導入は、その現れと言えるように思います。

段階Ⅲでは、聴児の場合も、日常会話はスムーズにできるのに授業についていけない例（帰国子女や在日外国人・移民の子どもなど）が多数報告され、生活言語と学習言語の異質性や親の状況（年収、学歴など）が子どもの学力に及ぼす影響などが報告されるようになりました。そこで、生活言語と学習言語の違いに目を向け、学習言語の獲得を図る取り組みの必要性が指摘され始めているように思います。

以上、聾教育との関わりを述べてきましたが、同和地区での取り組みの変遷を見ると、同じような流れがあるように感じます。外川正明氏は、同和地区の子どもたちの学力を追求していますが、高校や大学への進学率の向上のための取り組みや、それ以前の長期欠席児童をなくすための取り組みは、Ⅰの「教育の保障」に相当し、幼児期に豊かな経験を蓄積させる取り組みは、Ⅱの「生活言語の充実」のための取り組みと関連し、乳幼児期の言語環境の整備や保護者との協働は、Ⅱの「生活言語の充実」のための取り組みやⅢの「学習言語の獲得のための下地作り」と関連するように思います。

2 コミュニケーション論争と「9歳の壁」

聾教育界では、以前から手話併用を認めるか否かの「口話―手話論争」や、口話併用を認めるか否かの「手話―手話論争」が繰り広げられてきました。これは、言わば、高い学力を獲得させるために必要な条件は何かに関する論争とも言えるでしょう。

戦前の聾教育関係者は、一般の聴児は話せるようになってから書けるようになるゆえに、聴覚障害児に対してもまず「話せる」ようになることを重視しました。生活言語の獲得について、従来の手話を否定する口話法は、音声言語（発音・読話・聴覚活用）の獲得が第一目標であった（生活言語と学習言語の違いをさほど考えなかった、あるいは生活言語を獲得しさえすればその後の教科学習はスムーズに進むと考えた）と言えるでしょう。

それに対して、口話に消極的・否定的なバイリンガル聾教育を主張する人々は、「『9歳の壁』が生じるのは、聴覚口話法が聾児の自然な母語習得を妨害するから」「母語が発達しなければ知的発達も停滞する」などと述べ、日本語と異なる文法をもつ日本手話の獲得や日本手話による思考力・メタ言語能力の形成を重視しています。彼らは口話法や日本語対応手話（口話併用手話）を批判しますが、彼らの主張の根拠となっているものの1つが、カミンズ（Cummins）の「第一言語と第二言語の間には共有基底能力が存在する」という「氷山説」、すなわち、第一言語としての日本手話の十分な獲得が第二言語としての書記日本語の獲得を可能にするという考え方でしょう。

一方、日本語対応手話を否定しない人々は、聴覚障害ゆえに音声言語の活用（発音・読話・聴覚活用）だけによる生活言語の獲得は難しいと考えますが、日本手話の十分な獲得が日本語の書記言語の獲得を保障するという考え方にも同意できないと考えます。日本語の音声言語（生活言語）にもなじんでいるほうが日本語の書記言語（学習言語）を獲得しやすいことから、音声言語の使用の意義を軽視できないと考えます。すなわち、発音、読話、聴覚活用が可能な場合はそれを活用することが望ましいと考え、それが困難な場合は対応手話や指文字、文字の多用によって「音韻意識[68]」の形成や日本語の定着を図ろうとします。日本語の話しことば（生活言語）を身につけた聴児が、その後英語やフランス語の音声言語（話しことば）にふれずに英語やフランス語の書記言語（書きことば）を獲得することは難しいのと同様に、日本手話の話しことば（生活言語）を身につけた子どもが、その後日本語の音声言語（話しことば）にふれずに日本語の書記言語（書きことば）を獲得することは難しい（一部の優秀な聾児は可能でしょうが）と考えるのでしょう。

3 コミュニケーション能力と学力の間の距離

以前から、語彙が少なく、助詞が適切に使えない聴覚障害児が多いことが指摘されています。京都聾学校高等部でも、学年対応の教科書の使用が難しい生徒が多く、下学年の教科書を用いても、そこで用いられる日本語の意味がわからないことにより授業が遅々として進まないことが見られます。「（本当は数学の授業なのに、文章題のところで）国語や社会の授業みたいになってしまった」というような嘆息が、職員室でよく聞かれます。

そこで、聾学校幼稚部では、「小学校の教科書が使えるよう、入学までに3000語を獲得させたい」と考え、小学校の教科書の語彙を分析したりして言語指導を行うところも見られることになります。そして、ときには、小学校高学年以降つまずきが見られた例を聞いて、「あの子は、小学校（小学部）入学時には3000語以上獲得できていた。小学校以降もきちんと学習していたら（教師がきちんと指導したら、生徒が怠けなかったら）、もっとできるはず」という感想をもらす教員と、「日本語を身につけているとは言っても、その獲得の仕方に不自然なもの、偏り、希薄さを感じる。機械的な暗記による言語獲得が多いように感じる」という感想をもらす教員が見られることになるのでしょう。

ことばを獲得できても表面的にしか理解していない例、概念として育っていない例、思考の道具として使いこなせていない例が見られます。例えば、「部屋の外で〜しなさい」と言われて建物の外へ行った子どもがいましたが、「外」は全部「建物の外」のことと思っていたようです。また、「聾学校はどこですか」と「どこの聾学校ですか」に対して、「聾学校」や「どこ」という日本語は一定理解しているにもかかわらず、学校の位置と学校の名称のどちらで答えるべきかの判断が難しい例も見られます。

聾学校幼稚部での指導を見ていると、聴児に対する指導と比べて、「犬は動物の仲間です」「ハトは鳥の仲間です」と覚えさせる、「〜は〜より大きい」の言い方を覚えさせるというように、ある知識を公式のように覚えさせる指導が多いように感じますが（最近はその雰囲気も和らいだと感じます）、これは、「9歳の壁」は日本語の語彙や文型を一定確保することにより克服できるという考え方の1つの現れであったように思います。

筆者は、特に乳幼児期における機械的な暗記による語彙拡大は、「弊害」があると考えます。2章❹節で「シンタグマティック」と「パラディグマティック」について述べましたが、聴覚障害ゆえに聴児の語彙の獲得の仕方と全く同一にすることはできないものの、できるだけ「シンタグマティックな関係に基づく獲得」を図ることが望ましいと考えます。「シンタグマティックな知識や理解」を基盤にして「パラディグマティックな知識」を構築することによって「9歳の壁」を越えられるのであり、「シンタグマティックな知識や理解」が希薄なまま「パラディグマティックな知識」を詰め込んでも、それが功を奏するのは小学校低学年までであるように思います。

現在も、聴覚障害児の「9歳の壁」は、基本的な日本語の語彙や文型の理解不足に起因すると考え、低学年の聴覚障害児に対して聴児に匹敵する日本語の語彙や文型を獲得させようと努力する教員が見られます。「9歳の壁」は「機能語の未獲得」によるものであり、「9歳の壁は機能語の獲得によって克服できる」と述べる人も見られますが、「機能語」とは文の構成に関わる語であり、助詞や接続詞、助動詞などをさします。そして、「機能語」の対義語は、内容的な意味を表す「内容語」であり、名詞や動詞、形容詞などをさします。確かに、ごく軽度の難聴児でも、助詞や接続詞を正しく使えない例がよく見られます。「あの子は、日常会話はスムーズにできる（かなり聞き取れている、発音は明瞭である）のに、紙に書かれたものを見たら、助詞の間違いがかなり多いから、驚いた」という声が聞かれることは、聾学校では珍しくありません。

地域の小学校の教員から「ある児童（聴児）について、ふだんの会話はスムーズにでき、友達との関係も良好だが、一般の児童なら間違わないような助詞の間違いが見られる。学力的にもしんどい。リコーダーの穴を指で押さえて吹かないと空気がもれて変な音になるが、気づかずに吹き続ける。軽度の聴覚障害があるのではないか」という話を聞いたことがありますが、ごく軽度の聴覚障害があるとこのような例は見られるでしょう。

小学校低学年までは、「コミュニケーション能力」は「生活言語」が使える力とほぼ重なります。そして、「学力」は、9歳以前は「コミュニケーション能力」とかなり重なりますが、9歳以降はそれに加えて教科学習の力、「学習言語」の力、すなわち読解力やリテラシー、空気を読む力、多面的に考える力をも包括するように思います。

最近行われた聴覚障害児を対象とする感覚器戦略研究において、菅谷明子氏ら[69]は、「質問―応答関係検査」の結果から「上位群・中間群・下位群」に分け、「中間群」は「全体の46％を占める。コミュニケーション能力、語彙・統語の能力については中間に位置するにもかかわらず、学力面においては下位群に近い」と述べていますが、この「コミュニケーション能力、語彙・統語の能力」が生活言語と関連し、「学力」が学習言語と関連するのではないかと思いました。また、「下位群」は「全体の10％を占める。コミュニケーション能力、語彙・統語力、学力のすべての面で遅れがみられており、さまざまな課題を抱えている」「抽象語理解力検査（SCTAW）や数研式学力検査（CRT―Ⅱ）の国語・算数では、上位群は良好な成績を示した一方で、中間群と下位群には有意な差があるとはいえない結果」であったとも述べています。この「下位群」は、生活言語も不十分なグループであり、「中間群」は、生活言語は一定獲得できているものの学習言語を獲得できていないグループであると言えるように思いました。今後、「生活言語の不十分さによる学力不振群」と「生活言語は一定獲得したが、学習言語を獲得できないことによる学力不振群」を区別し、それぞれに有効な手立てを講じる必要性を感じます。

4 日本語の助詞とわずかな聞こえの違いによる違い

聾学校教員の経験があり、現在筑波技術大学に勤務する長南浩人氏は、「助詞の多くは、発話における音圧レベルが低く提示時間も短いこと、さらに読話もしにくい音節が少なくないことから音声における会話において教師は助詞の提示方法に注意し、特に手話を用いた場合には工夫が必要である」と述べていますが[70]、筆者も同感です。

特に会話では、助詞の省略が多く、助詞が欠落しても気にならないことが多いです。したがって、話し手が発した助詞が聴覚障害児の脳に届いていないケース、逆に聴覚障害児が助詞を間違って使ったとしても相手の耳に届いていないケースがあると思われます。聴児に対しても、「目の前の人の顔や表情を見ながらじっくり話を聞く」習慣の大切さが指摘されていますが、聴覚障害児の場合は、耳からの情報を目からの情報で補ったり確認したりする必要があるので、この習慣をきちんとつけさせることが大切でしょう。

以下のように●の部分があいまいな状態や欠落した状態で聞こえたとき、どんな単語かを考えてみてください。

①「ぱい●っぷる」　②「り●ご」
③「う●ぎ」　④「●はん」
⑤「う●ぎのかばやきをかう」　⑥「●はんをたべる」

⑦「サル●　バナナ●　食べた」
⑧「帽子●　風●　飛ばされた」
⑨「おじいさん●　おばあさん●　ひっぱった」
①～③は容易でしょう。①「ぱいなっぷる」、②「りんご」です。②は音節数が少ないですが、「りんご」ぐらいしかないからです。③は、「うさぎ」「うなぎ」「うわぎ（上着）」「うすぎ（薄着）」などが考えられます。これらの日本語を知っていると、聴力検査で「う●ぎ」と聞こえたとき、「うさぎ？　うなぎ？」などと迷うでしょうが、「うさぎ」ぐらいしか思い浮かばない人は、「うさぎ」とぱっと答えることになるでしょう。また、④のように、●の部分が冒頭にくると、とたんに難しくなることが多いようです。④は「ごはん」「いはん（違反）」「きはん（規範）」「もはん（模範）」などが考えられるでしょう。

ところが、⑤や⑥のように、文の形になると、⑤は「うなぎ」、⑥は「ごはん」とわかります。文の形のほうが推測しやすいことから、筆者は、相手の話がわからず聞き返したとき、単語だけを繰り返すのではなく文の形で言い直してほしいとお願いし

「おじいさんをおばあさんがひっぱって」
は、①と②のどちら？

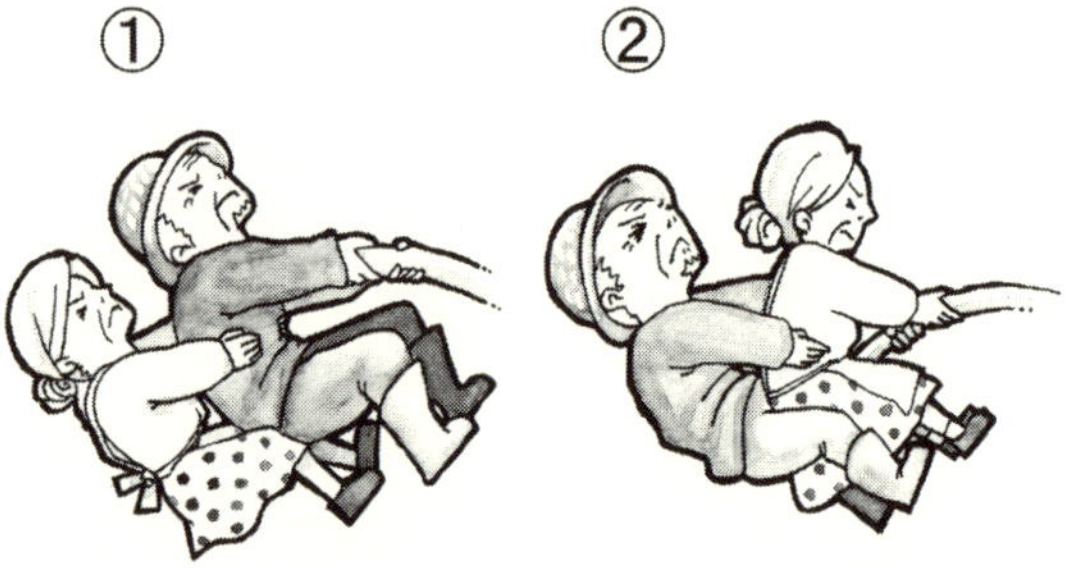

ています。

⑦と⑧はすぐに答えがわかるでしょう。⑦は「サルがバナナを食べた」、⑧は「帽子が風に飛ばされた」が答えです。⑧は、受け身の作り方を知らないと答えられないでしょう。⑨では、答えは決まりません。「おじいさんがおばあさんをひっぱった」と「おじいさんをおばあさんがひっぱった」の両方が可能だからです。

絵本では、挿絵があるので、⑦〜⑨のように助詞の部分を伏せても、単語だけを見て状況がつかめることが多いでしょう。例えば、『大きなかぶ』という教材（光村図書）では、「おじいさんをおばあさんがひっぱって、おばあさんをまごがひっぱって、……」と書かれていますが、挿絵を見せながら「おじいさんがおばあさんをひっぱって、おばあさんがまごをひっぱって」というように「が」と「を」を入れ替えて読んでみたとき、子どもはおかしさに気づけるでしょうか。

筆者は、ある人工内耳装用生徒が「黒板に消していいか」

と言ったので、「『黒板に書く』と言うけど、『消す』の場合は『黒板を消す』と言う」と説明したことがあります。そして、この生徒は聴覚活用できているように思ったけど、「こくばんをけす」と「こくばんにけす」があいまいに聞こえているのだろうかと思いました。あいまいに聞こえても指示通りに黒板を消すと、周囲の人は「この子は聞こえている」と思うでしょう。そして、その子が「黒板に消した」と書くと、「会話はふつうにできるのに」と驚くのでしょう。

筆者の聴覚障害は重度だったので、幼少時から相手の口を見ながら話を聞くよう指導されてきました。また、幼稚部の間にいろいろな助詞のおおまかな意味を教わっていたので、「助詞には『に、で、を、が……』があるから、相手はここを『を』と言ったのだな」というように、相手の口形も参考にしながら頭の中で文章を考えて理解しました。周囲の大人も、助詞の部分を○で囲んで板書したり、あいまいな部分はきちんと伝わるように工夫したり（口形をはっきり示す、キュー[71]や指文字[72]を添える）、「ここは『を』ではなく『に』だよ。なぜなら……」と筆者の誤りを修正したり、「助詞もつけて話すように」と言ってくれたりしたので、筆者は徐々に助詞を正確に使えるようになっていったと思います。

朝日新聞記事（2012年7月2日朝刊）によると、1秒間に6文字（6モーラ）の速さで話す速度が最も理解されやすいということでした。したがって、「黒板を消す」（6音節）という文は、約1秒間の間に発言されることになります（実際は助詞があるので、2秒に近いかもしれません）。すると、「を」という助詞は、約6分の1秒（約0.2秒）の間に発されることになります。聴者でも静かなところと騒がしいところとでは聞き取りやすさに差がありますが、聴覚障害があるとその差が拡大するよ

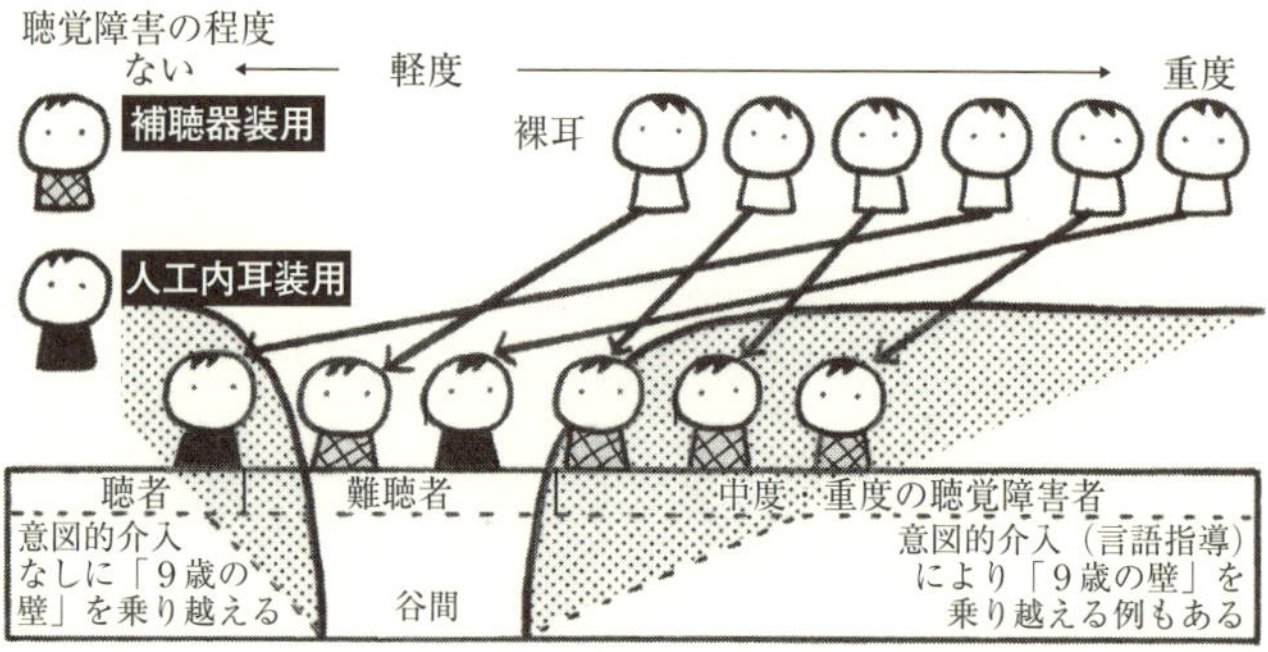

うです。それで、やや騒がしいところで、聴者なら「こくばんをけす」と聞き取れるとしても、聴覚障害者は「こくばん●けす」（「●」の部分はあいまい）と聞こえることになる例が多いかもしれません。

5 人工内耳が「9歳の壁」を増やす（?）

聴能に関わるある先生は、「自分は、人工内耳が『9歳の壁』を越えられない子どもを増やしたと思っている」と言われたので、その意味を尋ねると、「聴児と同じように話せる、適切に行動できているから大丈夫と思って、注意を払わなかった。重度の聴覚障害児は、周囲の人が『この子には伝わっていないだろう』と思って、助詞などの言語指導に力を入れるから、結果的には、きめ細かい言語指導を受けなかった人工内耳装用児や難聴児に追いつき、やがて追い越していくのではないか」という趣旨のことを言われました。すなわち、従来から言われている「難聴者は谷間にいる」の「谷間」は、障害者手帳がもらえないので補聴器購入の負担が大きいという福祉制度の「谷間」の意味と、日常生活で問題がないように見えるので、ていねいな学習指導や言語指導を受けないでしまうという指導面での「谷間」の意味があります。そして、人工内耳や補聴器の進歩は、場合によっては重度の聴覚障害児をその「谷間」に追いやることになるのでしょう（前頁のイラストを参照）。

6 「一言語」と「二言語」の違いと「9歳の壁」

「第一言語を十分に獲得しさえすれば、それを通して第二言語も獲得できる」という主張が見られます。第一言語が日本語で第二言語が英語の場合、日本では、長い間中学校から英語が導入されていましたが、第一言語の日本語と同じレベルまで第二言語の英語を習得できる例は、聴児であっても少数であったので、「文法から入る指導は良くない」「小学校から英語を」などと言われることになったと言えるでしょう。ここで、聴児は、母語・第一言語として日本語を十分に獲得したにもかかわらず、第二言語の英語を使いこなせません（ある英単語のいろいろな意味の一部しか知らない、似たような意味の英単語のどれが最も適切かと問われると答えられない、英語の慣用句の意味がわからない、など）が、それはなぜでしょうか。つまり、「第一言語を十分に獲得している」ことは、「第二言語の獲得」のための必要条件の1つにすぎないことになるでしょう。第一言語を十分に獲得できていない子どもが、第二言語を十分に獲得できるとは思えません。ただし、「本」「税金」という日本語を知っていればそれぞれ「book」「tax」であると覚えればすむという意味の「学習の転移」は確かにあるので、第一言語は豊かであるほうが良いでしょう。

筆者としては、第一言語を十分に獲得できているならば、第二言語を十分に獲得するために有利に働く条件として、第二言語と接する時期が早い、家庭で第二言語にふれる（聞く、話す、読む、書く）機会や時間が多い、学校でも第二言語にふれる機会や時間が多い、家庭や学校で見聞きする第二言語に学習言語が多く含まれている、第一言語にも第二言語にも文字がある、という条件を考えています。

ここで、人間は、限られた時間内に得る情報量や記憶する量を、通常の2倍にすることはかなり難しいという問題が立ちはだかります。仮に、日本語の一言語社会にいる聴児が1日に接する言語量を「日本語1000」と仮定するとき、日本語と英語の二言語社会にいる聴児が接する言語量を「日本語1000、英語1000」とすることは、寝ている時間以外の時間が2倍にでもならないかぎりかなり難しいのではないかと思います。まして、記憶する量を2倍にすることはさらに難しいのではないでしょうか。「税の概念をつかんだらあとは『税＝tax』と覚えるだけで良いという学習の転移というものがある」「2つの言語は、言語基底を共有している」などと言われるかもしれませんが、私たちが「本→book」「税金→tax」というように英語だけを覚えるのと、「本→book, livre」「税金→tax, impôt」というように英語とフランス語を覚えるのとでは、労力に差があり、よほどの優秀児でないとどちらも完璧に覚えることは難しいでしょう。

帰国子女（聴児）が、生活言語は日本語も英語も流ちょうに話せるのに、書くとなるとたどたどしい日本語しか書けない例が多数報告されていることから、二言語の生活言語を獲得するのは可能としても、二言語の学習言語を獲得するのはかなり難しいと思われます。

それから、日本語と英語は音声言語であり、ともに文字をもちますが、手話言語は視覚言語であり、文字をもたないという点を考慮に入れる必要もあるでしょう。つまり、黙読は音読や音声による会話と比べて、同一時間内に接する言語量が相当多くなります。筆者も、子どもに絵本を読んだとき、音読と黙読の差を痛感させられました。それで、（二言語社会にいる聴児が1日に接する言語量を「日本語1000」とするとき）黙読という方法があれば、二言語社会にいる聴児が接する言語量を「日本語1000、英語1000」に近づけることはかなり可能になると思います。ただし、筆者としては、黙読の基礎となるのは音読の積み重ねであると考えているので、聴児の場合も文字が読めるようになったとしても音読（絵本を読んであげる、自分で声に出しながら読む）が大切であると感じています。

さらに、両親の使用する言語の問題も絡んでいます。わが子を日本語と英語のバイリンガルに育てたいと思い、そのような生徒の育成を目指す学校に入れたとしても、家庭でも高度なレベルの英語を使用する日本人の家庭と、たどたどしい英語しか使えない日本人の家庭とでは、子どもの英語のレベルに違いが生じることは容易に想像されるでしょう。これは、手話言語の場合もあてはまります。すなわち、聴覚障害児の9割は聴者の両親をもつと言われていますが、通常聴者の両親は手話言語を獲得していません。そして、日本手話の習得には数年以上かかると言われています。

このように考えると、日本語と英語という二言語の場合と、日本語と手話言語という二言語の場合とでは、条件がかなり違うことがわかるでしょう。

ある研究者が、第二言語は、第一言語に近い性質をもつほうが獲得しやすい（例えば、フランス語は日本語より英語に近い性質をもつので、英語を習得した人は、日本語よりフランス語のほうが習得しやすいです。もっともスペリングが似ているので混線しやすいという「マイナスの転移」の問題はあります）、両言語とも文字をもつほうが獲得しやすい（辞典の有無も関わってくるからでしょう）、使用する人口が多い言語や仕事に有利に働く言語のほうが獲得しやすい（日本では、英会話教室のほうがアラビア語会話教室より圧倒的に多いこと、英語が使えるほうが就職に有利に働くこともあり、英語のほうが獲得されやすいでしょう）と筆者に言われましたが、筆者もそのように思います。

筆者としては、「母語」ということばには、「本人が楽に獲得できる言語」という意味と、「両親など身近にいる人が楽に使用できる言語」という意味があると考えています。前者の意味からすると、重度の聴覚障害児にとっては手話は母語だろうと思います。同じ年齢（例えば25歳）であっても、聴覚障害者は聴者に比べると手話を習得するのが速い例が多いと感じますが、これは、聴覚障害ゆえに目から情報を取り入れることに長けているからでしょう。しかし、聴者の両親は、聾児が生まれてから手話を覚え始めたとしても、すぐにはものにできないでしょう。聴者の両親（日本人）にとっての母語は日本語であるからです。けれども、生後すぐからゆったりした感情のやりとりや話しかけが大切な意味をもつので、筆者は、両親が手話を使う聾者の場合は、聾児と手話で豊かな会話を積み重ねてほしい、両親が聴者の場合は、日本手話か日本語対応手話かにあまりこだわらずに、聴児に語りかけているような内容を、しかし子どもは聞こえないのだからできるだけ子どもの心に届くように、方法を工夫しながら話しかけてほしいと思います。

話しことばは、余分な情報を切り捨てて、短時間で効率的に大量の情報をやりとりしようとする性質があります。幼稚部ともなれば、聴者の両親の使う手話と聾児どうしで使う手話に違いが見られるでしょうが、それはそれで良いと思います。聴児の日本語にも見られることだからです。日本語がターゲットとなる場合は、別の場面で、日本語（生活言語・学習言語）や考える力の獲得のための働きかけが必要でしょう。

7 「学習言語」の手話翻訳の仕方

難しい内容で早口だった講演の手話通訳を見て、「手話通訳が下手だからわからない」と言った人がいたので、筆者が「あの内容やスピードでは、あの手話通訳が限界だったと思う」と言うと、「その言い方は日本手話をおとしめている。手話通訳が下手だからだ」と言われたことがあります。そのとき、筆者は、手話通訳のわかりづらさとして他に原因があるかもしれないことに思いがいたるかどうかは、「9歳の壁」と関連するのだろうかと考えたことがありました。これは二言語社会での教育のあり方とも関連すると思うので、「学習言語」の手話通訳・翻訳の仕方について、以下詳しく述べてみます。

日常会話と比べると、専門的な用語が頻繁に出てくる講演は、手話通訳が難しいです。筆者も、手話通訳者の手話を見て意味がわかりづらいと思ったことがありますが、以下の①～⑥のどれが主要な原因であるかを考えるようにしています。
①講師の話し方が上手でないことによるもの
②聞き手（受信者）の日本語や手話に関する力の不足によるもの（専門外であることを含む）
③通訳者の日本語や手話に関する力の不足によるもの（専門外であることを含む）
④二言語の違いによるもの（英語と日本語の間でも完璧な翻訳は難しい）
⑤時間に制約があり、意訳が難しいことによるもの
⑥聞き手（受信者）がその言語になじんでいる度合いによるもの
まず、①について、話している途中で思考や視点が別のところに飛び、主語と述語が合わなくなる話し方、どこからどこまでが会話部分かがあいまいな話し方であれば、手話通訳は難しいでしょう。講演のテープ起こしの文章（音声に忠実に文字化したもの）を読むと、途中で文のつながり方がおかしくなっているものが意外と多いことに気づかされます。
②について、筆者も自分の疎い領域に関する講演では、日本語対応手話であっても、手話の断片はわかっても文章の意味が頭に入ってきません。「カウンター・インテリジェンス・ポリシーの策定」などとカタカナ語が機関銃のように出されると、お経を聞いているような気分になります。
③について、「シンシツゴの教え方」（カタカナは指文字）という手話通訳を見て、意味がわからず、パワーポイントを見て「新出語」という字を見つけたとたん、意味が理解できたという経験が筆者に

あります。手話通訳者は、「シンシュツゴ」が「シンシツゴ」と聞こえたのでしょう。たとえ正確に聞こえたとしても、「シンシュツゴはそのままにして」のような文であれば、手話通訳者は「新出語・進出後」などのどれかをとっさに判断して手話で表す必要があるでしょう。筆者も「教育／過程」の手話を見て違和感を感じ、しばらく考えて「教育課程のことだろう」と判断したことがあります。講演の内容に詳しい人とそうでない人とで、手話表現の仕方にかなり違いが見られるだろうと思います。

④について、英語で「わび・さび」や「肩こり」の意味を説明することは難しいと聞きます。その逆の例も存在します。このようなことは、手話と日本語の間でも見られます。

⑤について、「猫舌」を「猫／舌」という手話で表しても、「猫舌」という語を知らない人は「なぜここで突然ネコが出てくるの?」といぶかるでしょう。かと言って、「猫舌」ということばを使わずに話し手の意図を伝えようとすると、時間がかかるでしょう。中には意訳しようと思っても、「アンビバレンツ」「お義理で」のようにとっさに説明に苦しむ語もあるでしょう。特に時間に追われていると、意訳は難しくなるでしょう。

⑥について、手話通訳者の中には、「日本語の力がある聾者に対する手話通訳は、日本語対応手話が良い」と思っている人がいるような話を聞きましたが、確かに「猫舌」や「必要悪」の意味を理解できている人は、そうでない人に比べて、「猫／舌」や「必要／悪い」のような手話通訳になっても意味を理解しやすいでしょう。けれども、関西弁になじんでいない人の中に「標準語のほうが理解しやすい」と言う人が見られ、東北弁の環境で育った人の中に「東北弁のほうがリラックスしてわかり

やすい」と言う人が見られるのと同じように、日本語の力があっても、日本語対応手話より日本手話のほうがわかりやすいと言う人、逆に、日本語対応手話のほうを望む人が見られるでしょう。

このように、講演の手話通訳のわかりづらさには、いろいろな原因が考えられます。先述した③が大きな原因となっているケースは確かに見られるものの、③以外の原因が主要なものとなっているケースもあることに思いをはせられるようであってほしいと思います。また、手話通訳を介したときに生じたトラブルを、頭から全て手話通訳者の責任にせず、冷静に原因を分析できるようであってほしいものです。

8 豊富な読書体験と「学習言語」

筆者としては、単に正しい日本語を操る力だけでなく、周囲の状況に合わせた言動ができる力も、広義の「学習言語」を操る力に含めて考えたいと思います。

筆者は、幼少時から本を多読・乱読してきました。筆者の日本語の大半は、読書によって培われたと言っても言いすぎではないと思います。だからと言って、読書さえすれば聴者と対等に生きる力をつけられるかと聞かれると、それはかなり難しいと思います。正しい日本語や高いレベルの書記日本語は、読書によって身につくかもしれませんが、それらを適切な場面で適切に使う力、空気を読む力は、やはり経験や実践がものを言うと思うからです。例えば、ケガをさせた友達に謝罪するとき、「誠に遺憾でございます」が最大級の謝罪のことばであると勘違いして使った例が見られます。

日本語の学習言語の世界への立ち入りは、口話だけでは限界がある人もいます。読唇や聴覚活用ができているように見えても、手話併用のほうが読唇や聞き取りが楽になると語る人も多いです。筆者としては、リテラシーや良好な人間関係を結ぶ力を読書のみから得ることは難しいと考えており、口話や手話が読書で得られない高度な日本語の世界への立ち入りを可能にしてくれたと思います。また、手話があるから、講演も聞けるし、手話のできる人と雑多な会話や専門的な内容の議論ができることをうれしく思います。

9 聴覚活用と「学習言語」

「文字から早く意味を読み取れるようになるために、絵のない文字だけの本を早期から与えるべき」と言われたら、どう思うでしょうか。聴児に対しても絵本の重要性が叫ばれていますが、それはなぜでしょうか。「百聞は一見にしかず」「視覚的情報は90%」などと言われますが、実際は、視覚障害児は聴覚障害児ほど日本語獲得の困難性は指摘されていません。

筆者としては、生活言語の世界では、多感覚的に情報を得ることが大切であると考えます。単語はできるだけシンタグマティックな形で獲得させ、「ネットワークが豊かな語」を増やす必要があります。「ゾウ」の概念を教えるとき、実物や写真、絵を見せることなく、「ゾウ」を視覚的にイメージさせることは難しいでしょう。また、全て実物や写真、絵を用意したり実際に体験させたりすることも大変でしょう。豊かなイメージ（視覚、聴覚、触覚、嗅覚、味覚的イメージ）を拠り所としてシンタグマティックな形で獲得し、その後確固としたパラディグマティックな構造を築き上げていくために、「聴覚活用の力を伸ばすため」と称して事実上「1日中視覚的情報が乏しい環境」に置くことに反対したいと思います。「事実上」という語を添えたのは、例えば「私は手話を否定していない。ただ、松葉杖をついている人がリハビリのために松葉杖をはずして歩く訓練をするのと同じように、学校では、手話（や文字）を使わずに聞き取って会話する訓練をさせたいと思っているだけ」と言って、手話のない学校に子どもを通わせた場合、（両親が手話を使わない場合は）事実上子どもを1日中あるいは1年中手話から遠ざけていることになると考えるからです。

さらに言うと、筆者は、「手話が使われていない聴児の学校に通わせると、聴覚口話法で教えていることになる」とは思いません。手話を使わずに聴覚口話法で教えている聾学校と一般校の違いは、文字や口形などの視覚的情報の保障の有無（多少）にあると思うからです。真の聴覚口話法教育は、聴覚を活用して学力を獲得させようとするだけでなく、聴覚活用の限界を正確に認識してそれに対する手立てを講じようとする教育であると考えます。さらに言うならば、真の手話法教育は、手話を活用して学力を獲得させようとするだけでなく、手話の限界を正しく認識してそれに対する手立てを講じようとする教育であると考えます。そして、真の聴覚障害教育は、この意味での聴覚口話法と手話法の両方を子どもの状況や指導目標などに応じて用いる教育であるととらえたいと思います。

まとめると、「生活言語」は多感覚を活用して獲得されるほうが効率的・生産的です。そして、日本語の学習言語へ移行するためには、日本語の生活言語を豊かに獲得できていることと、学習言語への移行のための下地や考える力が十分に育っていることが必要です。

筆者としては、聴覚活用が可能であっても、文字の形で呈示するほうが、より確実・正確に定着しやすいと感じています。「ぎゅうにゅう」「チューリップ」のように拗音や促音が多い単語は、聴児でも最初は正確に書きにくいものです。筆者の子どもは聴児ですが、手話表現が難しい語を筆者に伝えるために文字盤を指さしたり指文字を使ったりして示したとき、「この子は聞こえていて発音も不明瞭と言われたことはないのに、『おゆ』を『おゆう』と思っていたのか」と思ったことがありました。それで、聴覚障害児に対しては、聞こえのあいまいさを補うためにも、人一倍「文字」や「キュー」[73]、「指文字」[74]で示すことが大切だと思います。

10 認識面の発達と「9歳の壁」

本書では、「9歳の壁」について、2つの言語形式との関わりに絞って述べています。「学習言語」への移行につまずく理由として、知的障害や認知的枠組の特異性（未発達を含む）などが考えられますが、脳の発達や認知心理学の領域に踏み入りすぎると、「ニワトリが先か卵が先か」の議論につながる可能性があると思ったからです。

脳の発達や物事を認識する力が弱いと言語獲得が難しいのはその通りだと思いますが、逆に、言語獲得により物事の認識の仕方が変わってくる面もあるでしょう。例えば、大半の日本人は「r」と「l」が同じように聞こえるそうですが、英語圏の人にとってはこれが聞き分けられないと「right」と「light」などが区別できないことになります。同じ雪でもいろいろな名称がある国とそうでない国とでは、雪を見たときに特徴（水分が多い、など）をつかむ力に違いがあると思います。

通常の子どもは、特に教えられることなく、「見知らぬ人に接近しすぎると不快感をもたれる」ことを知り、適切な距離感覚を身につけていきますが、それが理解できない人は、「この場合50㎝ぐらい離れるのが良い」「職場では、異性の人の肌には触らないようにするのが良い」などと具体的な数値も使ってアドバイスされることにより、対人上のトラブルを一定回避できるでしょう。トラブルの表面だけを見て、「9歳の壁」を越えていない云々と判断することには慎重であるべきでしょう。

このように、「言語面の発達」と「認識面の発達」は複雑に絡み合っています。

11 社会性の発達や障害認識と「9歳の壁」

聴覚障害者の社会性について、昔からいろいろなところで「聾者は、自己中心的。他者に依存的。責任感がない。衝動的。1か0かで考えようとする。時間にルーズ」などと聞きますが、それは、幼少時から少人数の集団で育てられ、自分でやりきった経験が少なく、いろいろな情報が本人の耳（目）

□□のときは、
皆●●を
するべきよ！
え〜、
●●は、その人
の自由なのに・・・
その後、□□のとき
私は、
●●を
しないよ！
え〜、
私たち、●●
をするのに・・・

に入らなかったゆえに「空気が読めない」ことなどの結果であると考える人が増えている[75]ようです。

「自己中心的などの心理的特性は、聴者にも見られるが、これは『9歳の壁』と関わるのか」「『9歳の壁』を越えていないと、適切な障害認識や多面的な見方は難しいのか」と尋ねられると、筆者としては「いろいろな条件を同時に考慮に入れた言動ができることや多面的な見方ができることは、『9歳の壁』と関連すると思うが、社会性・人格の発達や障害認識は、他にもいろいろな要素が複雑に絡んでくるので、単純に『9歳の壁』と絡めて考えすぎないほうが良い。でも、一般的には、言語力が高いほうが、いろいろな人の話を多面的に深く受け止められるだろうと思う。言語力が弱いと、自己洞察や自己改造には限界があるだろうから」と答えるようにしています。筆者にはよくわからないので、「9歳の壁と社会性の発達」のようなテーマの本が出版されることを期待しています。

書記日本語やリテラシーなどのいわゆる「学力」を身につけたことは、聴者の社会に適応する力を身につけたことを必ずしも意味しません。というのは、学力は十分にあるにもかかわらず、自分にできないことを他人に要求したり、「皆これをすべき」と言いながら数ヶ月後「自分はしない」

と言ったり、自分の思いと違うと不機嫌になったりして職場での人間関係をこわした例や、同僚に対してずけずけとミスを指摘し、「今後、こんな間違いをしないでください」と言って相手の気を悪くした例が見られるからです。

筆者は、大学生のとき、「日本語をどうやって身につけたのか」と聞かれ、「聴覚障害が判明して、母が小学校教員をやめ、私を毎日聾学校幼稚部へ連れていってくれた……」などと言うと、「その言い方は、子どもに障害があるとわかったら、母親は仕事をやめて教育にあたるべきと言っているように聞こえる」と言われたことがあります。それを聞いて、今後は、女性だけに育児を押し付ける言い方や障害児をもつ親の行動はこうあるべきと決めつける言い方を慎む必要性を感じました。このように、大学でいろいろな人に可能な範囲で手話を覚えてもらい、会話に幅が広がったこと、いろいろな人間関係の中でもまれたことは、良い社会勉強になったと思います。手話を覚えて「私は聾。できないことはできないと言おう」と思えるようになったことがうれしかったのですが、その一方で、「私は聞こえないからこれはできない」の言い方は聴者の反発を買うことがあるので、「これはできないが、これならできる」の言い方を心がけたほうが良いことも学んだものでした。

4章 「生活言語」と「学習言語」

1章から3章にかけて、「生活言語」や「学習言語」のことばを頻繁に用いてきましたが、具体的にどう違うのかについて、本章でさらに詳しく考えてみます。

1 「話しことば」と「書きことば」の違い

「話しことば」と「書きことば」の違いを、改めて簡単に表5にまとめてみます。

「口語体」は「話しことば」に、「文語体」は「書きことば」に重なると言えるでしょう。

表5 「話しことば」と「書きことば」の違い

話しことば	書きことば
音声によることが多い。	文字によることが多い。
表情や状況を手がかりにした理解が多い。	事情を知らない人にも理解されやすい。
文は、単文や短文が多い。	文は、複文、長文が多い。
簡単な語彙が多い。	難しい語彙が多い。
間投詞や倒置、語の省略が多い。	間投詞や倒置、語の省略は少ない。
方言が使われることが多い。	ほとんど標準語となる。

2 「平易なことば」に言い換える度合い

この語や文は「生活言語」と「学習言語」のどちらであるなどと単純に分類できません。全体的には、生活言語は、理解が容易な表現が多いと言えるでしょう。また、「学習言語の生活言語化」というものもあるように思います。ことわざなど、最初は教室という場で「学習言語」として取り入れた（頭で覚えた）ものであっても、生活の中で使っていくうちに、「生活言語」化する（からだで使う）ことがあるでしょう。

周囲の大人は、低年齢の子どもに対して、無意識のうちに本人にわかりやすい表現を選んでいます。例えば、幼児に対しては、「年齢はいくつですか？」「お父様はご在宅ですか？」より「ぼくちゃん、いくつ？」「パパ、家にいる？」のような言い方が多いでしょう。そして、相手が聴覚障害児の場合、周囲の大人は、無意識のうちに同じ年齢の聴児に対する言い方とは別の言い方を選んでいることがよくあります。つまり、聾学校では、聞き取りや読唇を容易にするため、「そんなことを口にするもんじゃない！」は「そんなことを言ったらダメ！」、「逃げ足が早い」は「逃げるのが早い」のように、簡単なことばに言い換えることが多いです。そのことが、「口にする」や「逃げ足が早い」のように、日常会話で使う回数が少ないことばの獲得の機会を奪っているように思います。筆者も、気がつくと、自分の子ども（聴児）に対しては、「9時10分前に、ね」「こんなの、お茶の子さいさいよ」「大丈夫よ。昔取った杵柄よ」と言うのに、聾学校では、「8時50分に、ね」「こんなの、簡単よ」「大丈夫よ。

原文	リライト文
やせこけた老婆が一人、たおれたまま動こうとしなかった。こんな光景はここでは特別めずらしいことではない。てっきり死んでいると思ったテレサが、おいのりの十字を切ってはなれようとしたとき、老婆の針金のようなうでがぴくりと動いた。	とてもやせたおばあさんが道でたおれていました。こういうことはよくあることでした。テレサは、おばあさんは死んでいると思っておいのりをしました。テレサが行こうとしたとき、おばあさんの細いうでが少しだけ動きました。

昔よくやったから」などと言い換えています。「対岸の火事と思ったらダメよ」や「人事《ひとごと》と思わないでよ」は「自分と関係ないと思ったらダメよ」などと言い換え、「猫の手も借りたい」や「手がいくつあっても足りない」「席をあたためる暇もない」は「今、すごく忙しい」などと言い換えています。「豚に真珠」「馬子にも衣装」などのことわざを使う回数も、聴覚障害児に対しては少ないように思います。聾学校では、このような言い方に慣れさせるためにも、子どもが知っていることばを使う場面と子どもが知らないことばを使う場面をバランス良く作り出す必要性を感じます。

聾学校教員である中村賢司氏は、「私がリライト教材の使用を躊躇する理由」の中で、教科書の原文とリライト教材の文章を対置させていますが[76]、これを読むと、「リライト教材の作成」というのは、教科書の文章の「学習言語」の度合いを低め、「生活言語」の度合いを高めることと言えるかもしれないと思いました。その例を上に抜粋します。

「やせこけた」は「とてもやせた」、「老婆」は「おばあさん」と言い換えられています。複文は単文の連続に、比喩を使った文は比喩を使わない文に換えられています。原文では老婆が倒れた場所は書かれていませんが、リライト文では「道で」と補われています。

リライト文の「おいのりをしました」を読むと、手を合わせて拝んでいる様子をイメージする人がいるかもしれませんが、原文では「おいのりの十字を切って」と書かれています。また、リライト文の「うでが少しだけ動きました」を読むと、腕の位置が少し移動することをイメージする人がいるかもしれませんが、原文では「うでがぴくりと動いた」（つまり腕の位置はほとんど変わっていない）と書かれています。リライト文から抱くイメージと原文から抱くイメージの間に距離があることがうかがえます。

中村氏は、「リライトされ、作者が描いた物語世界とは異なる物語世界を持った教材を学習し、その教材の物語世界を理解したと児童に錯覚させることは、意味のないことである」とし、リライト教材を使うとしても教科書原文に返らなければならないと述べています。リライト教材によってだいたいの意味やストーリーを理解したとしても、その後「やせこけた」「特別めずらしいことではない」「てっきり」「おいのりの十字を切る」「針金のようなうで」「ぴくりと動く」を見たときイメージがわかないのであれば、新しい学習言語を獲得したとは言えないでしょう。教育の目的の1つは、学習言語への移行と充実を図ることなので、筆者もリライト教材で終わるような学習の進め方には賛成しかねます。

なお、小学校国語の教科書の作品を手話ビデオにしたものが聾学校でよく使われていますが、「今の聴覚障害児は、小説はかなり理解できる。難しいのは説明文だ。それなのに、手話ビデオにしたものは小説が多く、説明文が少ない」という声を聞きました。それは、小説は「生活言語」が多く、説明文は「学習言語」が多いことと関連するかもしれません。

3 「意味理解」と「抽出理解・比較理解」

『大きなかぶ』は有名な話であり、小学校1年生の教科書でも取り上げられています。筆者は、家にあった絵本[77]と教科書（光村図書）[78]を見比べて、かなり違いがあることに驚きました。それまでは、幼児～小学校低学年向けの物語なので、どちらも「生活言語」（やそれに近い言語）で書かれており、大差ないと思っていました。それぞれを単独で読んで意味を理解すること（「意味理解」）は、小学校低学年の子ども（生活言語の世界にいる子ども）でも可能でしょうが、個々の語の微妙なニュアンスや両者の違いを吟味すること（「抽出理解・比較理解」）は、小学校高学年以降の子ども（学習言語を獲得した子ども）でないと難しいかもしれないと思いました。それで、次頁に本文を抜粋してみます。

「あまい　げんきのよい　とてつもなく　おおきい　かぶが　できました」と「あまい　あまい、おおきな　おおきな　かぶに　なりました」とでは、前者のほうが予想以上に大きなかぶになったことに対する驚きが表れているでしょう。接続詞（接続詞的な働きをする語を含む）の使い方について、「ところが、それでも、まだまだ、まだまだまだまだ、それでも、やっと」と「けれども、それでも、やっぱり、まだまだ、なかなか、とうとう」の違いについても、いろいろな意見が見られるでしょう。さらに、「おばあさんが　おじいさんを　ひっぱって、おじいさんが　かぶを　ひっぱって」と「かぶを　おじいさんが　ひっぱって、おじいさんを　おばあさんが　ひっぱって」を比べるとどうでしょうか。筆者としては、最後の「やっと」と「とうとう」の違いとも絡めて、かぶの大きさに対す

内田莉莎子訳　絵本	西郷竹彦訳　教科書（光村図書）
おじいさんが　かぶを　うえました。	おじいさんが、かぶの　たねを　まきました。
「あまい　あまい　かぶになれ。おおきな　おおきな　かぶになれ」	「あまい　あまい　かぶになれ。おおきな　おおきな　かぶになれ。」
あまい　げんきのよい　とてつもなく　おおきい　かぶが　できました。	あまい　あまい、おおきな　おおきな　かぶに　なりました。
おじいさんは　かぶを　ぬこうと　しました。	おじいさんは、かぶを　ぬこうと　しました。
うんとこしょ　どっこいしょ	「うんとこしょ、どっこいしょ。」
ところが　かぶは　ぬけません。	**けれども**、かぶは　ぬけません。
おじいさんは　おばあさんを　よんできました。	おじいさんは、おばあさんを　よんで　きました。
おばあさんが　おじいさんを　ひっぱって、おじいさんが　かぶを　ひっぱって－	かぶを　おじいさんが　ひっぱって、おじいさんを　おばあさんが　ひっぱって、
うんとこしょ　どっこいしょ	「うんとこしょ、どっこいしょ。」
それでも　かぶは　ぬけません。（中略）	**それでも**、かぶは　ぬけません。（中略）
まだ　まだ　かぶは　ぬけません。（中略）	**やっぱり**　かぶは　ぬけません。（中略）
まだ　まだ　まだ　まだ　ぬけません。（中略）	**まだまだ**、かぶは　ぬけません。（中略）
それでも　かぶは　ぬけません。（中略）	**なかなか**、かぶは　ぬけません。（中略）
やっと、かぶは　ぬけました。	**とうとう**、かぶは　ぬけました。

る驚きやかぶが抜けるかどうかに集中している度合いの点では内田訳（絵本）がまさっており、最後のネズミという小さな動物が協力することでかぶが抜けたこと、つまり小さな力でも力を合わせることの意味を強調する度合いの点では西郷訳（教科書）がまさっているように感じました。あるいは、内田訳（絵本）が「虫の視点」寄り（各登場人物を通してかぶに集中している）で、西郷訳（教科書）が「鳥の視点」寄り（登場人物やかぶの全体を見ている）であるようにも感じました。

「生活言語」の段階では、確かに意味を正しく読み取り、正しい文が作れるのですが、1つの単語を抽出して意味を吟味したり他の表現と比較したりできる力は、「学習言語」の力と関係するかもしれません。いわば、「生活言語」の段階では、助詞などをほとんど無意識のうちに正しく使えますが、それぞれの助詞の意味や用法を正確に抽出するにはいたっていないと言

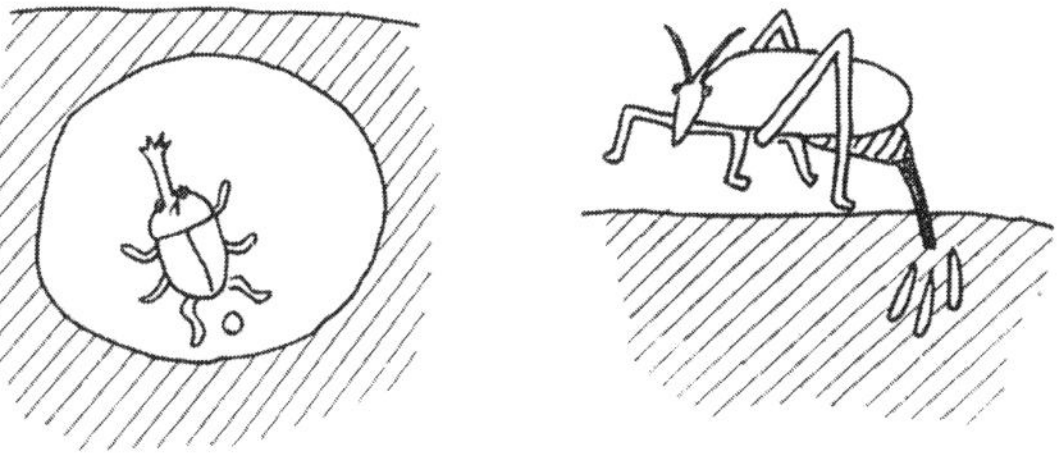

（脇中起余子『助詞の使い分けとその手話表現』第1巻　北大路書房　2012年より）

えるでしょう。例えば、筆者の子どもは、小1のとき、「カブトムシとクツワムシの産卵の仕方は知っているね。『土の中で卵を産んだ』のはどちらで、『土の中に卵を産んだ』のはどちらかな?」と尋ねると、すぐに答えられませんでしたが、説明すると、「確かにそうだ」とうなずいていました。そのとき、子どもというのは、文を無意識のうちにまとまりのあるものとして取り入れ、それから個々の助詞や接続詞、副詞などの意味や働きを徐々に抽出していくのだなと改めて感じました。京都聾学校高等部の自立活動で「赤しかない」などの手話表現の仕方を取り上げたとき、日常生活で『これしかない』などと自ら使えているのに、『赤しかない』は赤だけがある状態と赤以外の色がある状態のどちらであるかに対してすぐに答えられなかった例が見られましたが、これも、文脈などに依存して理解・使用できるものの、突然短文を脈絡なしで出されるととっさに意味が理解できない例の1つであるように思います。

4 日本語と手話の間の距離

翻訳の難しさは、日本語と英語の間にも見られます。例えば、日本語の文で「聞く」とあっても、英語では文意によって「hear, listen to, obey, ask」などを使い分ける必要があるでしょう。逆に、英語の文で「take」とあっても、日本語では文意によって「得る、持って行く、乗る」などを使い分ける必要があるでしょう。

「祖母は、喜んで昔の話を口にしてくれた」や「彼はたくさん口をきいてくれた」の文の不自然さを指摘したら、「『口にする』や『口をきく』には、『言う・話す』意味があると辞書に載っているよ」と言われたとします。そのとき、どう説明すれば良いでしょうか。

「うれしい・楽しい」、「あげる・やる・与える・渡す」、「気・気持ち・気分・心」は、それぞれ同じ（似た）手話になりますが、「そのニュースを聞いて楽しかった」「今日は海で1日うれしく過ごした」「そのニュースは、皆に希望をあげた」「彼女は、社長に良い印象を渡した」「今日は、遊びに行く心じゃないんだ」「感謝の気分でいっぱいだ」「風邪薬を飲んで、気持ちが良くなった」が不自然になる理由をどう説明すれば良いでしょうか。

この問いかけに関して、多くの聴者から、「私たちは幼少時から何回も耳にしているから、問題を読んで答えはこれだとわかるが、理由を明瞭に説明できない。日本語の微妙な使い分け方について、学校で説明されて獲得した部分はそんなに多くない。このように、説明が難しい使い分け方を聴覚障害児にどうやって理解させれば良いのか。聴覚活用できるなら耳も使ってほしい、読唇できるなら口も見てほしいと思う。そして、私たちもときどき意識的に指文字を使ったりすることも必要だと思う」という感想が出されました。

「犬（日本語）」と「犬（手話）」は、ほぼ「1対1対応」をなしていると言えます。それに対して、「驚く（日本語）」や「びっくりする（日本語）」の手話はどちらも「驚く（手話）」になりますが、これを「2対1対応」と言うことにします。そうすると、生活言語では、「1対1対応」に近い単語（一義的な単語）が多いのに対して、学習言語では「m対n対応（m, n＞1）」のような単語（多義的な単語）が多くなるように思います。

なお、「そのニュースは皆に希望を与えた」に関して、「そんな文は、手話表現のときは使わない。『そのニュースを聞いて、皆希望をもった』のように言い換える」と言った人がいますが、これは生活言語における文と言えるでしょう。現実には、「皆に希望を〔あげ・与え・渡し〕た」の答えがわからない聴覚障害児が多く、これは学習言語における文と言えるのではないか、これがわかる力をどうやって獲得させれば良いのかと思いました。

5 意訳と「新しい語」にふれる機会

翻訳には、直訳と意訳があります。これは、日本語と英語の間でも、日本語と手話の間でもあります。

「土砂降り」や「It rains cats and dogs.」は激しい雨を意味しますが、アメリカ人たちは「土や砂が降ってくる⁉」と思い、日本人は「猫や犬が降ってくる⁉」と思うでしょう。これらを「大雨」の手話で表すと意味は伝わるでしょうが、それだけでは聞き手はこれらの慣用句にふれずじまいになるでしょう。「板書して意味を教えれば良い」と言われるかもしれませんが、現実には、その慣用句に直接ふれる（見聞きする・自ら使う）回数が多いほうが定着率が高まります。なお、「It rains dogs and cats.」と言わないのは、「猿犬の仲」と言わないのと同じようなものでしょうが、「犬猿の仲」と「猿犬の仲」のどちらが正しいかがわかるためには、ふだんから見聞きする回数が多いほうが良いでしょう。

ある聾児が「これさえあれば大丈夫」の「さえ」を指文字で、他の部分を手話で表したとき、そばにいた手話通訳者が本人や親に「そんな手話を使うと、将来聾者の仲間に入れてもらえない」と言ったという話を聞きました。そのとき、筆者は「さえ」などの副助詞を使いこなす難しさを知っていただけに考えさせられました。聴児が自分の使わないことば（日本語・英語など）を友達が話すのを聞いて刺激を受け、やがて自分も使えるようになるとの同じように、手話の場合、手話での会話によって手話の世界は広がるでしょう。では、日本語の場合、聾児どうしではどうすれば良いのでしょうか。口話の併用や日本語対応手話を否定する考え方では、文字あるいは指文字を使うしかないでしょう。

筆者は、国語科教員から「彼ほど賢い人はいない」の手話表現を尋ねられ、「彼が一番賢い」意味なので「彼／最も／賢い」「最も／賢い／誰／彼」と表すのが良いと言うと、「『最も』を使った文は自ら使えるが、『～ほど～はない』を使った文がなかなか作れない。意味を教えても、しばらくすると『彼ほど速い人はいない』を『彼は速くない』意味だと思ってしまう」と言われたことがあります。中学生の聴児が「He is wiser than any other member.」「Nobody is as wise as he.」などは「He is the wisest.」と同じ意味と説明されても、最後の文しか書けないのと同じでしょう。筆者もいわゆる「くじらの公式（A whale is no more a fish than a horse is.）」の説明を聞くとそのときはわかるのですが、この構文がなかなか使いこなせなかった経験があります。聾学校でも、日本語の意味を手話で説明されるとそのときはわかるが、その日本語が使えないまま、という例が多く見られます。そこで、筆者は「彼ほど賢い人はいない」について、「ほど」は「同じぐらい」の意味があると教えた上で「彼／同じ／賢い／人／ない」という手話で表すとその構文が少しは自ら作れるようになるかもしれない、と国語科教員に伝えたことがあります。けれども、「『彼／同じ／賢い／人／ない』の表現を認めてはダメ。『彼／最も／賢い』だけを手話表現の例として紹介するべき」とある人から言われたので、筆者は、通訳現場における手話表現と教育（日本語指導）現場における手話表現の違いの問題をさらに考えるようになりました。このことが、『よく似た日本語とその手話表現』[79]や『からだに関わる日本語とその手話表現』[80]、『助詞の使い分けとその手話表現』[81]の執筆につながりました。

6 教員による「不自然な文章」から

筆者は研究紀要の原稿などの校正をすることがありますが、聴者でも不自然な文章を書くことがあります。けれども、それを指摘すると、皆うなずかれるので、不自然になることが理解できないわけではありません。筆者は、今までそれを単なるミスや見落としと思っていましたが、最近、これは生活言語と学習言語の違いと関係するのだろうかと思い始めました。確かに、生活言語より学習言語において、語と語や文と文が離れていても文章全体や段落全体としての整合性を図る必要性が高いと言えます。その例を以下に記します。

・「配当漢字の読み書き、その意味を理解する」→これは、「配当漢字の読み書きを理解する」と「その意味を理解する」が重なった文でしょう。しかし、「読みを理解する」や「書きを理解する」という言い方にはやや違和感を感じます。字数に制限がある場合は、「配当漢字を読み書きし、その意味を理解する」とするのが良いかと思います。

・「～に関する知識を理解する」→「知識を理解する」には違和感を感じます。「～に関する知識を広げる（得る、もつ、深める）」などとするのが良いでしょう。

・「調理材料や調理器具、栄養のはたらきを理解する」→「調理材料や調理器具の名前を覚え、栄養のはたらきを理解する」などとするのが良いでしょう。

・「エイズ、性感染症などについて理解する」→「エイズ」は「性感染症」に含まれるので、「コイ、魚などを飼う」と言うようなものでしょう。それで、これは「エイズなどの性感染症について理解する」とするのが良いでしょう。

・「小数、分数、正負の数ができる」↓ 口頭では「あの子は、分数はできるよ」と言うことがありますが、改まった文章では「分数の計算が（は）できる」とする必要があります。それで、これは「小数、分数、正負の数の計算ができる」などとするべきでしょう。

・「正負の数の足し算を計算する」↓「英語の勉強を学習する」は、「英語を勉強する」「英語の学習をする」などとするべきでしょう。それと同じように、これは、「正負の数の足し算をする」などとするほうが自然でしょう。

・「因数分解を理解する」↓「因数分解とはこのような作業のこと」と理解できても、計算は間違ってばかりという例もあるので、区別するためにも、これは「因数分解の仕方を理解する」とするほうが良いでしょう。

・「都道府県名の手話を覚える。いろいろな国名の手話を覚える」↓ これは、「都道府県名の手話を覚える。いろいろな国の手話を覚える」とするほうが良いでしょう。なぜなら「フランスの手話を覚える」には、フランス手話という手話言語を覚える意味と、「フランス」という単語（国名）の手話表現を覚える意味があるからです。

・「学校、学科、コースを紙に書く」↓「学校、学科、コースの名称を紙に書く」とするのが良いでしょう。「学校を書く」とは言わないからです。「コースを書く」は地図のようなものを書く意味になります。

・「交通、施設などの利用の減免、割引について学ぶ」→「減免」されるのは「交通、施設などの利用」ではありません。それで、「交通、施設などの利用に関わる料金の減免、割引について学ぶ」などとするほうが良いでしょう。

・「課題を調べる」→これは、「どんな課題があるかを調べる」意味ではなく「その課題について調べる」意味であれば、「課題について調べる」とするほうが良いでしょう。

7 「学習の転移」が容易でないもの

日本語で「光合成」の意味を知っていれば、英語では「photosynthesis」と言うと覚えるだけで良いという「学習の転移」は、手話と日本語の場合にもあります。手話であれ口話であれ、雑多な情報が聴覚障害児に届くようであってほしいと願うゆえんです。

ですが、このような「学習の転移」は、一義的な語、すなわち「1対1」の対応をなす語やそれに近い語の場合に限られると思います。「犬＝dog」、「本＝book」がその例です。

実際には、一義的であるように見えても、適用範囲にずれがある場合があります。例えば、「黄色＝yellow」とされていますが、言語学者である鈴木孝夫氏によると、日本人なら「茶色の封筒」と言うところを、「yellow」と形容する国があるそうです。[82] また、日本では、太陽の色は通常赤色ですが、そうとは限らない国も多いようです。このように、「学習の転移」が容易な語・文ばかりではありませんが、他の例を以下に掲げます。

(1) 多義的な語の獲得

「多義的な」というのは、「いろいろな意味で使われる」という意味です。

「good・nice・fine」や「言う・話す・口にする・口に出す・口をきく」「気持ち・気分・心・気」「矛盾・ジレンマ・アンビバレンツ」などの使い分けの説明は難しいでしょう。

「good」「nice」「fine」はいずれも「良い」というニュアンスがあるので、使われる場面の違いを英語でも日本語でも説明しにくく、したがって、同じ「良い」が使われた日本語文を英文に直すとき、どの英単語を使えば良いかを適切に判断するのは難しいでしょう。

「口にする」には、「食べる」「言う」などの意味があり、「これはeat、これはsayを使えばよい」と容易にわかります。その一方で、「先生は楽しい話を口にした」などは不自然であり、いろいろな場面で適切に使い分けることは難しいでしょう。

「すごく」「とても」「たいそう」「非常に」「極めて」は同じように甚だしい意味ですが、使われる場面は微妙に異なります。「王様はたいそうお喜びになった」は自然ですが、「私はたいそううれしかった」は不自然です。英文に直すときは「very」さえ使えれば何とかなるかもしれませんが、それを日本語に直すとき、「とても」などの基本的な日本語単語だけでなく、「たいそう」「極めて」なども適切に使い分けられるようになってほしいです。

同じ日本語でさえ使い分けを簡潔明瞭に説明できないのに、（音声にふれず、文字にのみ接する方針のもとで）英語や手話で説明できるのだろうかと思います。

（2）使用頻度の少ない言い回し・慣用句の獲得

「昔取った杵柄」「青天の霹靂」「腹黒い」「天の邪鬼」「知らぬが仏」などの言い回しや慣用句は、まるごと覚えるしかないでしょう。「腹が立つ」「暗い顔」のように、簡単なものは日常会話の中でもよく使われるので、小学校低学年の児童でも自ら使えるでしょう。立腹したアメリカ人が「私はおなかが立ちました」と言ったので、周囲の人は笑いをこらえるのに必死だったという話を聞いたことがありますが、「腹」と「おなか」は同じ意味と説明されることが多いにもかかわらず、「おなかが立つ」という言い方はありません。これについて、日本人の聴児は、特に教えられなくても自然に理解していきます。

「昔取った杵柄」「青天の霹靂」のように、そのことばにぴったりくる英単語がない場合、アメリカ人がこれらの日本語を獲得するのは難しいでしょう。

「Break a leg!」は直訳すると「脚を折れ！」なので、筆者は相手をののしって言うことばかと思いましたが、「成功を祈る！」という意味だそうです。「A little bird told me that ～.」は直訳すると「小鳥が私に～と言った」ですが、「風の便りに～と聞いた」という意味でよく使われるようです。これらは、

「慣用句のプリント」として渡されても覚えるのに時間がかかり、そのときは覚えられても使う機会がないとやがて忘れてしまうでしょう。

（3）活用形をぱっと考える力の獲得

筆者は、フランス語の時制の複雑さに苦しんだことがあります。説明を読むと、そのときはなるほどと思いますが、しばらくすると、どれがどれだったかわからなくなります。

しかし、日本語の動詞の活用については、聴児は、無意識のうちにぱっと活用形が作れるようになります。「この動詞は五段活用だから、『ない』をつけるとこうなる……」などと文法を教わって活用形が作れるようになるのではなく、いつのまにか活用形を作れるようになっている感じです。「帰る」・「変える」に「ない」をつけると「帰らない」・「変えない」となり、「化する」・「こする」に近い意味の「かする」・「かすむ」に「て」をつけると「化して」・「かすって」・「かすんで」となる、などと文法のルールをことさらに考えなくても活用形を言うことができます。そして、「きたむ」「りがく」などの架空の動詞を「～て」の形にせよと言われたら、さほど考えなくても「きたんで」「りがいて」と言えるように思います。これらは、「生活言語」の領域かもしれませんが、理屈で考えてやっと活用形が作れる状態では、学習言語の世界に入ることは難しいのではないかと思います。

（4）機能語の獲得

「but・however」や「～ば・～なら・～たら」「そして・そこで・すると」などの使い分けの説明は難しいでしょう。

「これで終わります」は言えますが、「これで始めます」とは言えません。「5分間滑れるようになった」と「5分間で滑れるようになった」、「全部解けなかった」と「全部は解けなかった」は意味が異なりますが、同じ（似た）手話表現になる人が多いでしょう。「土の中に卵を産む」と「土の中で卵を産む」、「薬を飲むと眠くなった」と「薬を飲んで眠くなった」なども、微妙に意味が異なります。

拙著『助詞の使い分けとその手話表現』（第1・2巻）でも記したように、助詞や接続詞の指導は、聾学校教員の悩むところです。読書すれば良いと言われるかもしれませんが、現実にはそれがなかなか難しいです。いわゆる文盲の人や幼児に書物をいきなり与えても、すらすら読めるようにはならないでしょう。また、本をよく読む聾者であっても、「私はおばあさんがランドセルを買ってもらった」のように、助詞を間違える例もあります。

（5）文章を組み立てる力の獲得

「自己判断する」「自分で判断する」は言えますが、「自己で判断する」は言えません。

理由を表す「～から・～ので・～ために」は、「ので」の手話を使いますが、「閻魔王に舌を抜かれる（から・ので・ために）、嘘をついてはダメだよ」では、「から」が最も自然になる理由を説明できるでしょうか。さらに、「発熱したので、学校を休んだ」と「発熱したために、学校を休んだ」は同じ意味ですが、「発熱したので学校を休んだために、そのことを知らないままだった」と「発熱したために学校を休んだので、そのことを知らないままだった」とでは、後者のほうが自然に聞こえるでしょう。『王子と乞食』は、王子と乞食が身分を入れ替えた〈ので・ために〉起きた騒動について書かれたものである」では、「ために」のほうが自然に聞こえるでしょう。これらは、「〜したために」は「〜したので」という意味であると覚えるだけでは、答えられない問題でしょう。

(6) 場面や状況に合わせて文章を作る力の獲得

例えば、初対面の上司に対して「補聴器をつけると話が全てわかると思うのは誤解です」と言うときつい印象を与えるので、「補聴器をつけても話が全部聞き取れるわけではありません」などと柔らかく言い換える必要がありますが、状況を考慮に入れた言動ができる力を、聴覚障害児にどうやって獲得させれば良いのでしょうか。

(7) 細やかな語彙の獲得

筆者は、「感覚は言語を切り分け、言語は感覚を切り分ける」と考えています。雪がめったに降らない国と1年中雪のある国とでは、雪を表す語彙に違いが見られるでしょう。色を区別して表す国とそうでない国とでは、色の違いを見分ける力に差が生じるでしょう。

「ひどい・残酷・残忍・むごい・痛ましい」「うらやましい・ねたむ・嫉妬」などは、意味が似ていますが、使われる場面は微妙に異なります。これらを適切に使い分けられる人とそうでない人とで、感情の細やかさや分化の度合いに違いが見られるように思います。

8 表音文字と表意文字に関わって

日本語や英語という音声言語を用いた会話では、文字や指文字、空書（手で空間に文字を書く）を使わないかぎり、発信者も受信者も、日本語を表す文字（ひらがな、カタカナ、漢字）や英語を表す文字（アルファベット）のやりとりはありません。「イマ、ドシャブリダ」などの音声（実際は、イントネーションやアクセントの情報も織り込まれている）がやりとりされるにすぎません。けれども、いろいろな人が指摘するように、英語やフランス語は「ラジオ型」の言語で、日本語は「テレビ型」の言語です。つまり、日本語では、同音異義語が多く、聴者でも漢字がわかったとたんに意味がわかったと感じる例が多いでしょう。外国へ行った日本人が英語やフランス語をよく聞き取れないとき「それはどういうスペルか」と質問することが多いそうですが、それは、幼少時からある音を聞いてすぐにその視覚的表象を考えることが多いためでしょう。楽譜を見なくても曲を聞くだけで曲が弾けるようになる人と、楽譜を見ないと曲が覚えられない人がいますが、日本人は、英語圏の人と比べると、視覚的表象に依存して理解・記憶する度合いが高いかもしれません。言語学者の鈴木孝夫氏は、「耳は目に比べてはなはだしく性能の劣る感覚器官なので、あまり細かな情報の差異を区別することは難しい」「日本語では音声は伝達に必要な情報の一部であって、文字情報（あるいはその記憶）が音の情報に加重されたとき、初めて全体としての伝達が成立することが多い」と述べ、これまでの「漢字論争」を再評価する必要性を指摘しています。[83]

読書力診断検査を聴覚障害児に実施すると、平均して小5レベルになることがいろいろなところで指摘されていますが、これらは小学校高学年用の問題を使用した結果であるようです。京都聾学校高等部では、同一生徒に小学校高学年用と中学校用を実施すると、前者では小5～小6レベル、後者では中1～中3レベルという例が多く見られますが、筆者は、その理由として、漢字の存在、つまり表音文字と表意文字の違い、訓読みと音読みの語の違いが絡んでいる可能性を考えています。[84] それで、小学校高学年用で小4レベルと出たからと言って小4のあたりの教材ばかりを扱うのではなく、生活言語の指導（「涼しい顔」「腹の虫がおさまらない」などの語を大切にした指導）と同時に、中学校や高校の教材で扱えるものは取り上げても良いと考えています。

アルファベットやひらがな、カタカナは表音文字で、数字や漢字は表意文字ですが、指文字は前者に、手話は後者に重なるでしょう。聴覚障害児・者は、表意文字のほうが表音文字よりなじみやすく定着しやすいように思います。それで、聴覚障害児（特に視覚優位型の生徒）に対しては、漢字と読み、意味を三位一体のものとしてていねいに扱う必要性を感じます。なぜなら、「ざっし」というひらがなや「ザッシ」という指文字を見ても反応がなかったのに、「雑誌」という漢字を見たとたん「本のことか」と反応する例が見られるからです。それで、筆者は、作業所や会社の方々に、「（重複障害児の場合）難しい内容の理解は難しいですが、だからと言って、筆談のとき、小学校低学年の子どもに対するようにひらがなを多く使うと、かえって意味が伝わりにくくなりがちです。漢字は普通に使ってください。漢字が読めなくても漢字を見て、何となく意味を判断したり『あそこで見たことがある』と思い出したりすることができるからです」と話しています。

筆者は、難しい内容を考えて話すとき、脳裏に漢字が浮かぶことが多いです。手話通訳者が「衣食住」と言いながら「食べる／着る／住む」という手話で表したとき、筆者は「衣食住」という漢字が脳裏に浮かんできて「順番が変……」と思ったことがあります。あるとき筆者は、夢の中で「それ、バリゾウゲンが答えや。バリ雑言……、バに馬という字があったような……」と漢字を思い浮かべようとしました。夢からさめたとき、「私は、夢の中でも漢字を使って思考しているなあ」と苦笑させられました。

また、筆者は、表音文字より表意文字のほうがイメージを作りやすく頭に残りやすいようです。登場人物が多い小説で、人名が漢字の場合、すぐにいろいろな登場人物の関係図が脳裏にできあがり、久しぶりに登場する人名を見て「あの人だ」と思い出しやすいですが、人名がカタカナの場合、「この人は主人公とどういう関係にあるんだったっけ」とわからなくなります。筆者が、外国人によって書かれた推理小説を敬遠し、日本人によって書かれた推理小説を読みあさる理由は、このあたりにもあるのだろうと思います。

9 教育場面での指文字や手話の使い方

聾学校での授業場面では、指文字や手話、直訳や意訳（意味の説明）を、生徒の実態や指導のねらいに合わせて使い分ける必要があります。

手話や指文字の使い方について、「新出」は、「新しい／出る」という手話で良いでしょう。仮に「新出」を「音読みの語」、「新しく出る」を「訓読みの語」と称すると、両者はほぼ同じ意味になるからです。このように、漢語を手話に直すとき、「音読みの語」と「訓読みの語」が一致するときは違和感を感じないが、一致しないときは違和感を感じる場合が多いように思いました。つまり、「音読みの語」と「訓読みの語」が一致する漢語の例として、「高所」と「高い／場所」（順番通りで、意味として一致）、「訪米」と「アメリカ／行く」（順番が逆だが、意味として一致）、「極秘書類」と「秘密／紙」（「極秘」や「書類」を語と見ると、意味として一致）が掲げられます。一方、「音読みの語」と「訓読みの語」が一致しない漢語の例として、「自然数」と「自然／数」、「赤口」と「赤い／口」があげられます。「自然数」の意味を知らない人には、「自然／数」や「シゼン／数」と表しても意味は伝わらないでしょう。また、「赤口」という語の存在や意味を知らない人には、「赤い／口」や「シャッコウ」のいずれを使っても通じないでしょうが、「赤い／口」の手話のほうが「赤口？あっ、カレンダーでその漢字を見たことがある。自分は読み方を今まで知らなかった」のような反応が出やすいでしょう。

他にも、指文字と手話の使い分けの例として、筆者は以下のようなことを考えています。

「サンマ」を数えるとき、状況によって「匹」や「本」、「枚」を使いますが、通常手話で表さない助数詞の場合、それを伝えたいときは指文字を使うしかないように思います。筆者としては、「サンマ2本」の「本」を「本（book）」という手話で表されると、違和感を感じます。基本的に手話は意味を表す語であってほしいと思っているからでしょう。

「市場をセッケンする」と突然言われても、「セッケン」の漢字や意味が即座にわかる人は少ないでしょう。通訳者が事前に資料に目を通し、「席巻」の意味を調べ、「占領」のような手話を使って表すと、意味はほぼ伝わるでしょうが、この語を知らない人には（初めて聞く語の読唇は難しいので）「セッケン」という語（と「席巻」という漢字）は届かないままでしょう。かと言って、「セッケン、つまり占領……」のような手話は時間に余裕がないと難しいでしょう。あるとき、筆者は時間に余裕があったので通訳者に漢字を尋ね、「席／巻く」という手話を見て、「席巻……、あ、見たことある。私、セッカンと読むと思っていた」と思ったことがありました。それで、筆者は、生徒に対して、余裕があれば漢字（紙が使えないときは漢字を手話で表す）と読み、意味を示すようにしています。生徒も「あ、それ、見たことがある。別の読み、別の意味だと思っていた」と言うことがあります。その場、その場で語彙のネットワークを拡げ、緊密化させることが大切でしょう。

「止（と・や）める」「分別（ふんべつ・ぶんべつ）」「大文字（おおもじ・だいもんじ）」のように複数の読み（AとB）があるときの伝え方について、読みAをBと訂正されると、それ以降全ての読みをBとしてしまう例が見られるので、「この意味のときはA、あの意味のときはBと読む」と説明するよう心がけるのが良いと思います。ある本で、漬物屋の「大安」の読みを調べようと思わないことについて、「ろう者の悲しい性ですが、あえて調べようという熱意もありません」と書かれていました[85]が、筆者は、わが子が聾なら、ニュースなどを見て「あの語の読みがあいまいだな」と思ったら、周囲の人に尋ねたり辞書で調べたりする習慣を身につけてほしいと思います。

5章 「9歳の壁」を越えるために

日本の公立学校の教室や教科書、ペーパーテストで用いられる主たる言語は日本語なので、以下、ターゲットとする「学習言語」は日本語であるという前提のもとに話を進めます。「9歳の壁」を越えることは、学力面だけでなく認識面、社会面などでも質的な転換をとげることですが、本書では、「生活言語」から「学習言語」への移行に焦点をあてて考えます。「9歳の壁」を越えるための特効薬や処方箋はありませんが、「9歳の壁を越える確率を高める条件」を掲げることは一定可能でしょう。「9歳の壁」の克服の方向性として筆者が考えていることを、以下にまとめます。

1 「9歳の壁」を越えるために不利な条件

「生活言語」と「学習言語」の違いとして、日常会話でよく用いられるか否か、具体的か抽象的か、単純な構造か複雑な構造かなどが掲げられます。「自ら使える語彙（生活言語の語彙）」が十分であっても、「自らは使わないが、聞いたとき意味がだいたいわかる語彙（見聞きした学習言語の語彙）」が少なければ、学習言語への移行は難しいでしょう。

したがって、「9歳の壁」を越えるためには、「生活言語の充実」を意味する「高度化」と、「学習言語への移行」を意味する「高次化」が必要です。高度化を促す条件を考えるときのキーワードは、「豊かな経験」「雑多な情報」「人間関係」「集団的活動」「高コンテクスト（文脈）における読解」「親密な間柄の人との会話」「経験知」などであり、高次化を促す条件を考えるときのキーワードは、「形式的・抽象的・論理的思考」「文法に基づく読解」「低コンテクスト（文脈）における読解」「不特定多数の人との会話」「学校知」などです。本格的な教科学習のためには書記日本語が必要ですが、その書記日本語を獲得するために、日本語は日本語として直接使う回数を増やす必要があると考えます。

「9歳の壁」を越えるために不利に働く条件として、筆者は、次頁の表6に記すようなことを考えています。

①について、小学校高学年以降に該当する学力が身につけられる子どもは「知的障害児」ではない、とよく言われています。また、「発達障害児」の多くは認知処理様式に顕著な偏りがあることが、いろいろなところで指摘されています。

②について、「9歳の壁」の現象は、特に聾教育現場で指摘されています。

③は、親が日本語の「生活言語」や「学習言語」を流ちょうに話せないときの問題、いわゆる「二言語」のときの問題と関連します。つまり、日本語でない言語を母語とし、日本語を十分に話せない両親の

表6　「9歳の壁」を越えるのに不利な条件

	「9歳の壁」を越える確率を低める条件	問題が現れやすい子
障害の有無	①子どもに知的障害がある 子どもの認知処理の仕方に顕著な偏りがある	「知的障害」のある子 「発達障害」のある子
	②子どもに聴覚障害がある	聴覚障害のある子
家庭で日本語に接する度合い	③親が日本語（特に学習言語）を流ちょうに使えない	日本語を十分に扱えない両親のもとで育った子
	④子どもが日本語の学習言語を見聞きした回数や文字との接触回数が少ない	親との会話が貧弱な子 読書経験が少ない子
	⑤子どもに「考える力」が十分に育っていない	偏った早期教育を受けた子
学校の環境	⑥日本人の学校（保育園・幼稚園を含む）への登校日数が十分にない	貧困などのために登校日数が少ない子
	⑦質が高い集団に恵まれていない	
	⑧指導力のある教員に恵まれていない	
社会の環境	⑨文字の普及率が低い	
	⑩見知らぬ人や不特定多数の人との関わりの必要性があまりない	

子どもが日本の小学校に入学したときに生じる問題などをさします。「一言語」の場合は、何らかの理由により家庭で用いられる日本語が「生活言語」に偏っている場合や言語環境がかなり拙悪な場合が考えられるでしょう。

④や⑤は、「早く食べなさい」「やめなさい」などの指示語に囲まれて育った子どもやバーンステインの言う「限定コード」の日本語しか使われない家庭に育った子ども、偏った早期教育により「考えない習慣」をつけてしまった子ども[86]、語彙さえあれば教科学習はできると考えて、絵カードの多用により「やみくもに」語彙を増やそうとする聾教育を受けた子ども[87]の問題などと関連します。最近、経済格差による学力格差の問題がクローズアップされていますが、生活に余裕がなく、子どもへの関わりが少なくなることとも関連するのでしょう。

⑥は、親の貧困などのために登校日数が少ない子どもの問題と関連するでしょう。
⑦や⑧は、友達の集団や教員の質が高いと学力も高く現れる傾向と関連するでしょう。
⑨や⑩について、そもそも「9歳の壁」が問題になる度合いは、文字の普及度や学校教育の始まりと関連するでしょう。すなわち、江戸時代の農民や職人のように、限られた人との関わりの中で手作業に励めば生活できた場合と、現在のサラリーマンたちのように、マニュアルを読んで何かをマスターする力やその場にいない人と能率的なやりとりができる力、見知らぬ客や不特定多数の人に接してコミュニケーションする力、いろいろな事態に対応できる力や集団を動かす力が求められる場合とでは、「学習言語」「二次的ことば」「精緻コード」「書記日本語」などの獲得の必要性の度合いも異なるでしょう。

2 「9歳の壁」を越えるために

長南浩人氏は、聴児の多くは「9歳の壁」という「踊り場」にすでに達しているが、聴覚障害児はその「踊り場」にも到達していない例が多く、そのことを考慮に入れた指導が必要であると述べています。[88] すなわち、大多数の聴児は、生活言語が充実しており、学習言語への移行を直接の目的とした指導で良いのですが、聴覚障害児の場合は、生活言語も不十分な場合が多いことを念頭に置きながら学習言語への移行を図る必要があります。

授業の「導入」のところで、ある体験や知識に軽くふれてから「展開」に入ることが多いですが、聴児であれば通常もち合わせている体験や知識であっても、聴覚障害児はそうでない場合がよくあります。筆者も、「所得税」を通して百分率の計算をさせようとしたとき、「税金」や「年収・月給・ボーナス」の理解が不十分なことがわかり、その説明に1時間も費やした経験があります。高等部ともなると、既有知識や体験を格段にふくらませることには限界があり、幼少時からの意識的な取り組みや「雑学」の重要性を痛感します。

では、生活言語から学習言語への移行をスムーズに進ませるために、何が必要でしょうか。筆者は、主には以下の(1)~(3)の3点を考えています。

(1) 日本語の生活言語を正確かつ豊かに獲得させること

教科書は書記日本語で書かれているので、聴児が小学校入学時に使えると言われている約3000語の日本語単語を、聴覚障害児にも確実に獲得させる必要があります。ところが、実際には、「ビールが飲みたい」「あのビルは5年前に建てられた」を見て意味がわかっても、「ビルはどれ？」と聞かれて、「ビール」と「ビル」のどちらか迷う例が見られるので、文脈の助けがなくても正確に理解できる力を獲得させる必要があります。

また、同じ語でもいろいろなニュアンスがあること、辞書的意味からすると同じような意味であっても使われる場面に微妙な違いがあることなどを理解させる必要があります。

日本語の獲得にあたって、「音韻意識」の大切さがよく指摘されています。「音韻意識」とは、例えば「クスリ」を「ク・ス・リ」と分割したり、「クスリ」の真ん中の音は「ス」であることや「クスリ」から真ん中の音を取ると「クリ」になることを理解したりする能力のことであるとよく説明されますが、筆者としては、「スクリ」ではなく「クスリ」であるというように順番も意識して情報として取り入れることや、「50音のつながり」をしっかり把握することも「音韻意識」に含めて考えたいと思います。この「50音のつながり」は、活用を考える際に大きな意味をもちます。[89]

（2）日頃あまり使わない学習言語を見聞きする回数を増やすこと

小学校入学時の聴児は、上記の3000語とは別に、自らは使わないが聞いてだいたい意味がわかる語が約2000語あるそうですが、この2000語は学習言語への移行に大きな意味をもつでしょう。例えば、聴児は「驚く」「びっくりする」を自ら使い、「仰天する」「青天の霹靂」を自らは使わないが聞いて意味がだいたいわかるとします。この「仰天する」「青天の霹靂」は、「驚く」という手話で表されることが多いでしょうが、これらの単語を見聞きした回数の違いが、その後教室でそれらの単語に出会ったときの理解の深化や定着の度合いの違いにつながるように思います。その意味で、学習言語にふれる回数を増やす方法をもっと検討する必要があります。それゆえ、読書が非常に大切な意味をもちます。昔から、本をよく読む聴覚障害児は学力が高い例が多いことが指摘されています。

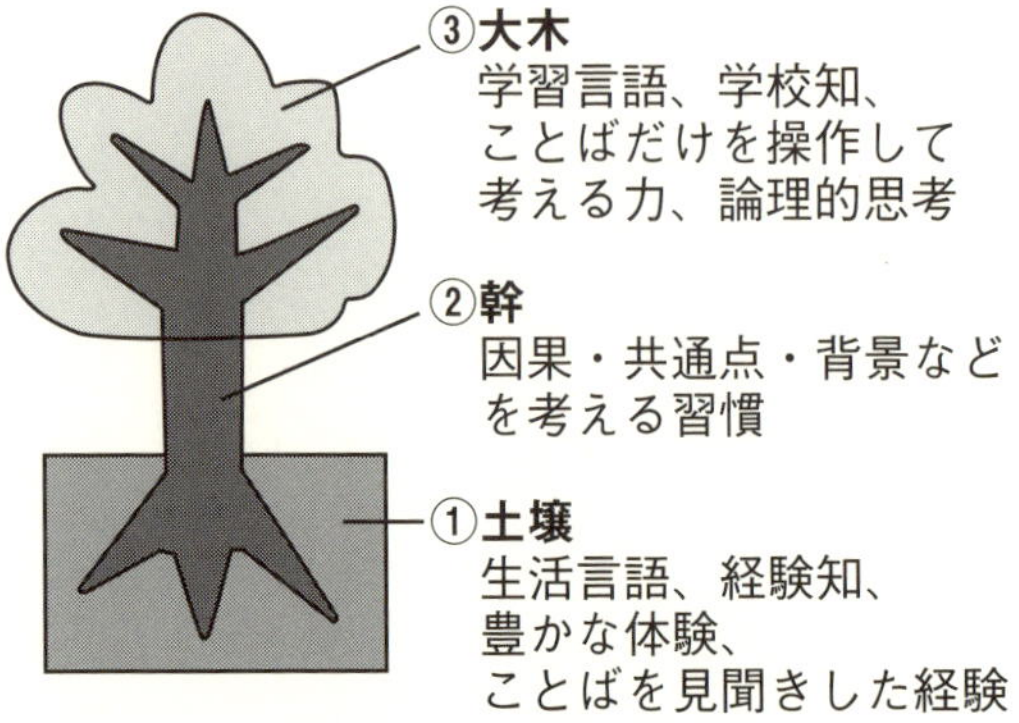

図３　「考える習慣」の大切さ

（3）「因果関係や共通点、背景などを考える習慣」をつけること

筆者は、図3にまとめたように、「因果関係や共通点、背景などを考える習慣」が大切であると考えます。

NHKも、聴児の「9、10歳の壁」に焦点をあてた番組「クローズアップ現代」や『「10歳の壁」プロジェクト報告書』の中で、「考える力」や「言語力」をキーワードとして掲げています。[90]

以上、（1）～（3）の3点を述べましたが、実際には、いろいろな取り組みを「これは（1）のための取り組み」「これは（2）のための取り組み」などと単純に分類することはできません。ある語が使える場面はどれかを考えさせること自体が「考える力」の育成と重なりますし、逆に考えさせることで新たな語を獲得することも多いでしょう。また、「言語知識」と「言語運用力」は別物ですし、「文の意味を理解すること、文を正しく作れること」と「文を構成している1つ1つの語の意味や用法、使い分け方を説明

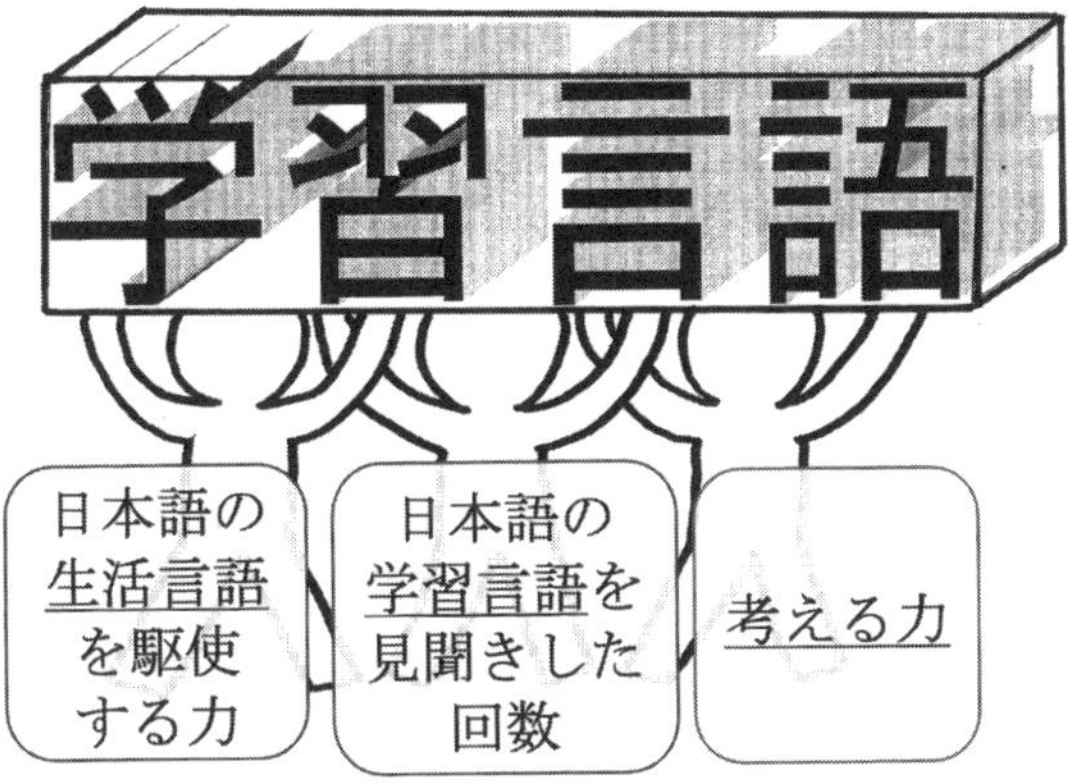

できること」は別物です。

先述した『「10歳の壁」プロジェクト報告書』は、「具体的思考→抽象的思考」や「話し言葉→書き言葉」のステップアップができる子どもは、ふだんから自分の話を聞き取ってもらえており、感情的な安定や他者への信頼が大切であると述べています。また、指示語に囲まれた子どもたちは、言葉を丁寧に積み重ねるコミュニケーションの機会が減り、論理的・抽象的思考の力が育ちにくくなると述べています。[91] いわば「対話」やバーンステインの言う「精緻コード」の使用の大切さが、ここでも指摘されています。

先述の(1)〜(3)のための取り組みは互いに重なっていると断った上で、あえて、以下、「取り組みⅠ　語彙ネットワークの充実・拡大」、「取り組みⅡ　『考える力』の育成」、「取り組みⅢ　情報の確保」に分けて、いろいろな取り組みや私見をまとめてみます。

6章 取り組みⅠ　語彙ネットワークの充実・拡大

「9歳の壁」の克服のための取り組みとして、主には「語彙ネットワークの充実・拡大」「『考える力』の育成」「情報の確保」の3点を考えていますが、本章では、「語彙ネットワークの充実・拡大」に向けての取り組みについて考えていることをまとめます。実践例として、2010年度以降の『聴覚障害』誌に書かれている論文からいくつか抜き出します。

1 語彙ネットワークの充実と拡大の重要性

「シナプスがつながる」という言い方は、断片的・表面的だった知識がつながり、視野がパッと開けたときや「こういう意味だったのか」とハタと膝を打ちたいときによく使われます。「語彙ネットワークの緊密化」は「シナプスがつながる」こととも言えるでしょう。「脳の成長は、神経細胞の数のみならずそのつながり方、つまりネットワークの精巧さにも依存している」と言われますが、それ

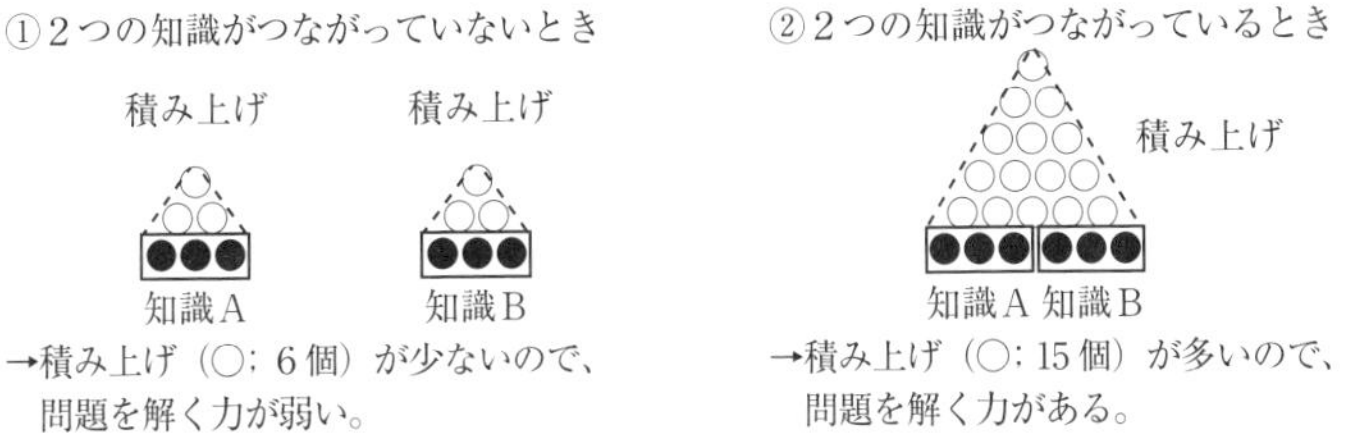
①2つの知識がつながっていないとき
積み上げ
積み上げ
知識A
知識B
→積み上げ(○:6個)が少ないので、
問題を解く力が弱い。
②2つの知識がつながっているとき
積み上げ
知識A 知識B
→積み上げ(○:15個)が多いので、
問題を解く力がある。

図4　知識がつながっているか否かによる問題解決能力の違い

と同じように、「学力は、知識の数のみならずそのつながり方、つまりネットワークの精巧さにも依存している」と言えるでしょう。

筆者は、断片的な知識が緊密なネットワークに組み込まれているか否かで、問題解決能力に差が生じることを感じています。幼少時は、知っている知識は少なく、複雑な思考を要する問題にぶつかることも少ないので、両者の差は明瞭に感じられませんが、小学校高学年以降ともなると、知識の数は多くなり、複雑な思考を要する問題にぶつかることも多くなるので、両者の差は相当なものになります(図4を参照)。

例えば「1週間に日・月・火……土曜日がある」ことや「1週間は7日間ある」ことを知っていても、「今日は木曜日。7日後は何曜日か。14日後は何曜日か」と尋ねられて、「7の倍数」後の日は今日と同じ曜日であることがわからない例が見られます。カレンダーで「1、2、3……」と数え、「今日と同じ木曜日」と答えることを繰り返すと、次第に「7の倍数」後の日と今日は同じ曜日であることをつかんでいきます。「『1週間』の手話は、『7』という手話を使っているでしょ」と言うと、膝を打つ生徒と反応が薄い生徒が見られます。ヒントがなくても最初からわかる力は、どうやって獲得されるのだろうかと思います。

「$6\times0.5=$」「$6\times\frac{1}{2}=$」などの計算ができ、また「$3\times(\quad)=6$」などの答えがわかるのに、「$6\times(\quad)=3$」に対して「答えは2」あるいは「この問題はおかしい」と答える例が見られます。そこで「$6\times0.5=$」「$6\times\frac{1}{2}=$」を出すと、計算して「3」と正答し、それによって「$6\times(\quad)=3$」の答えもやっとわかりますが、その後も「$2\times(\quad)=10$」と「$10\times(\quad)=2$」の両方に正答できない例が見られます。

自分の感情や希望がわかり、相手の感情や希望がわかっても、この2つが結びついていない子どもは、自分の希望と相手の希望が両立する方法を考えて行動することは難しいでしょう。自分にとって正しいことは他人にとっても正しいはずと思い込みやすくなるでしょう。また、例えば、「聾者としての誇りをもつなら声を出すな」と言えるならば、「聴者としての誇りをもつなら手話を使うな」「日本人としての誇りをもつなら英語を使うな」とも言えることにならないか、と考える力も弱いことになるでしょう。

2 語彙ネットワークが緊密でない場合の例

語彙ネットワークが緊密でないときに起きる現象として、矛盾に気づけない、「じゃ、あれはどうなるんだろう?」と広げて考えることが少ない、2つの条件を組み合わせて考えられない、2つの次元にまたがる概念（「単位あたり量」「割合」など）の理解が難しい、などが掲げられます。以下に、具体的な例を掲げます。

・「私の体重は50 kg」と言える生徒に、「この腕時計の重さは200（g？ kg？）」と尋ねると、「kg」と答えます。「あなたの体重が50 kgで、この腕時計の重さが200 kg（板書する）。これ、おかしくない？」と尋ねても、おかしさに気づくことが難しいです。

・「上から3番目はどれ？」「これは、右から何番目？」に対しては答えられますが、「上から3番目で、右から5番目は、どれ？」「これは、下から何番目で、左から何番目？」に対して答えられません。

・細胞の絵を見て「これは細胞壁、ミトコンドリア……」などと書ける生徒に、「人間の体の中に細胞はいくつあるか？」と半ば冗談で尋ねると、「46」「23」などの答えが返ってきました。染色体の数や対の数と混同していたようです。染色体に関する知識があるのに、「体の中には膨大な量の細胞がある」と言えないことにアンバランスなものを感じました。

3 語彙ネットワークの充実・拡大に関する取り組みの例

(1)「ことば」の複層化・多義化、関係の深化を図る

幼児の絵を見て「子ども」と言えても、「パパはおばあちゃんの子どもよ」「パパったら子どもなんだから」に対して「パパは大人だ。子どもではない」と言うようでは、その後の教科学習は難しいだろうと思います。

ある幼児は、「明日の遠足は、ママは大人だから行けない」と言いましたが、「先生も大人だよ」と言われ、「子どもと先生だけが行ける」と言い直しました。そして、その2週間後には、「明日の遠足は、子どもと先生だけが行ける」と最初から説明していました。これは、「子ども」や「大人」のことばを厳密に使い分けられるようになった例と言えるでしょう。このように、ことばを厳密かつ豊かに使い分けられるようにさせたいものです。

(2) 間違いやすいことばをより意識化させる

「kg、cm、分などの単位を入れなさい。あのビルは150（　）です」という問題で、「円」と答え、理由を尋ねられて「あのビールの高さ（値段）は150円」という手話で表した生徒がいましたが、この生徒は「ビル」と「ビール」を混同していたことになります。この生徒は、「ビルが建つ」「ビールを飲む」という文であれば、「建つ」や「飲む」を手がかりに「ビル」や「ビール」の意味を正しくつかめていたと思われます。

「グラフ」と「クラブ」を混同したり「耳たぶ」を「耳ぶた」と書き間違えたりする例が多いので、筆者は、特に重複障害のある生徒に対しては、授業中、板書をノートに書き写しているときの様子を観察し、単語や文を頭に入れてからノートに書いているか、1字ずつ黒板を見ながら書き写しているかを見るようにしています。そして、1字ずつ写している場合は、マグネットシートなどで重要語を隠してから写させることがあります。

聾学校教員である宮下恵子氏は、読書力診断検査の結果を分析し、「読字力は、学習の積み重ねが結果に反映されやすい力と言えるが、絵からかなを選ぶ問題の誤答傾向からは、濁点の有無や拗音、促音など、表記の細部を見ないまま答えている可能性が考えられる」と述べ、語や文のまとまりで覚えてから書くよう指導する必要性を指摘しています。[92]

ある母親（聾者）が、自分の子ども（聾児）の口形を見ておかしいと思い、指文字で表すよう言ったところ、単語を正確に覚えていないことがわかったので、手話だけでなく指文字で表せるかをときどき確認する必要があると言っていましたが、筆者も同感です。

なお、音節を入れ替えて覚えたりあいまいに語を見たりする傾向の改善のために、筆者は、「次の2つのことばが同じなら○、そうでないなら×を書け。①とけい・けいと、②ヒマラヤ・ヒラマヤ、③しかたない・したかない、④りろちい・りろさい、⑤23846・23486」のような問題、あるいは「りろちい」などの無意味語をパソコンを使って見せ、数秒後に再生させる問題を実施したことがあります。このような取り組みを通して、音節の順番や濁点の位置にも注意を払う必要性をより意識化させたいものです。

ＷＩＳＣ─Ⅲという検査で視覚優位の傾向が非常に強く現れたある生徒は、高校の計算問題はできるのに、「明後日」や「障害者」の読みがなかなか覚えられなかったのですが、先述の⑤のような数字の問題では高い正答率を、①～④のようなひらがなやカタカナの問題では低い正答率を示しました。筆者も、無意味語を覚えるときは、のど元での発声運動の感覚を利用して覚える感じがすることが多いですが、この生徒は、数字の問題とひらがな・カタカナの問題とで別の記憶方略を用いているのではないかと感じさせられました。

（3）オノマトペや副詞、比喩を積極的に使う

オノマトペ（擬音語、擬態語）や副詞、比喩の理解が難しい聴覚障害児が多いので、日頃から意識的に使うようにさせたいものです。そのために、周囲の大人から、「雨が降り出した」だけでなく「雨がぽつんぽつんと降り出した」、「雪が降ってきた」だけでなく「ぼたん雪が、桜の花びらのようにひらひらと降ってきた」などと、オノマトペや副詞、比喩を意識的に添えて話しかけるようにしたいものです。

谷川俊太郎氏の『もこ　もこもこ』（文研出版）は擬音語だけの絵本ですが、親子で手ぶり身ぶりも交えて楽しみ、この絵本が楽しめるような聴覚障害児に育てたいものです。

また、日常会話の中で、「うんとこしょ、どっこいしょ」（『おおきなかぶ』）のように、絵本に出てくるせりふやオノマトペを積極的に使うようにしたいものです。

（4）何かを言ったとき、別の言い方を添えるように心がける

「すごい雨だね」だけでなく、「バケツをひっくり返したような雨だね。豪雨だね。これぐらいの雨が続いたら、1時間に20ミリぐらいかな」などと添えるようにしたいものです。子どもが「道を走っ

ていて、交差点で太郎とぶつかったよ」と言ったら、「太郎と出会い頭にぶつかったのね」と別の言い方で言い、子どもが「ここ（交差点）は出会い頭ではないね。柵が低く、向こうからやってくる人が見えるから」と言ったら、「『出会い頭』が場所を表すなら『出会い頭でぶつかった』と言うから、『出会い頭』は場所を表すことばではないと思うよ。辞書で調べてごらん」と声かけするようにしたいものです。

（5）補集合や上位概念を多く扱う

京都聾学校高等部で、メガネや帽子、スカート、短ズボン、長ズボンのどれかを身につけている人々の絵を示し、「①メガネをかけている人数」や「②スカートをはいている人数」を尋ねたところ、全員が全てに正答しました。ところが、「③帽子をかぶっていない人数」に対して、約4割の生徒が「いない」を見落として「帽子をかぶっている人数」を答えました。また、「④長ズボンでない人数」に対して、約2割の生徒が「長ズボンである人数」を、約2割の生徒が「短ズボンである人数」を答えました。つまり、「～でない」を見落としたり、「長ズボンでない＝短ズボンかスカート」ではなく「長ズボンでない＝短ズボン」と間違えたりしていたことを示しています。さらに、ライオンやフクロウなどを描いた絵（どの絵も1つの生き物しか描いていない）を示して、「鳥の絵」や「魚ではない絵」「鳥ではない絵」の数を尋ねましたが、正答率はそれぞれ82、79、79％でした。[93]

すなわち、「基礎概念A」は数えられても「Aでないもの」「上位概念B」「Bでないもの」が数えられない例が多いことがうかがえます。「バスでないもの」には、他の乗り物だけでなく「犬、本」なども含まれることを、日頃の会話の中で理解させたいものです。

（6）行間を読む、隠れた意味を読み取る

兄と姉の有無だけが話題になっている場面で、兄がいるA子、兄と姉がいるB子、姉がいるC子、兄も姉もいないD子を示し、「はい」と答える必要があるのは誰かという問題を、京都聾学校高等部の生徒に出しました。その結果、「兄はいるが、姉はいない人」「兄も姉もいない人」のように「兄」「姉」以外のことばがない問題の平均正答率は88％でした。「兄姉弟妹がいない人」では「弟と妹がいない」ことを不必要な情報として削除し、「兄と妹だけがいる人」では「姉はいない」という必要な情報を追加する必要がありますが、これらの問題の平均正答率は74％でした。さらに、「『兄はいるか』と聞かれて『はい』と答えた人」では、兄以外の人の有無は尋ねていないので、兄がいるA子と兄も姉もいるB子が答えとなりますが、このような問題の平均正答率は27％でした。[94]

「兄だけがいる」は「姉や弟・妹はいない」意味になり、「5人いる。その中で、太郎は花子より重い」は「太郎は一番軽い人ではなく、花子は一番重い人ではない」意味になりますが、このように行間を読むことが難しい聴覚障害児が多いです。それで、例えば、「Aは野菜ではない」ことは「Aは食べ物ではない」意味であるとわかるかどうかなどを、日頃の生活場面の中で観察しながら把握する必要があります。

「5人の話からそれぞれの所持金と買った物を確定させよ。なお、全員異なる金額で異なる品物である」のような推理に関する問題は、文に隠れた意味を読み取るトレーニングに良いと思います。もっとも、小さな子どもがいきなりそのような問題を解くのは難しいので、最初は「ママが買ってきたのはリンゴかバナナだよ。どちらかな？ ヒントは、それは丸くないよ」（答えはバナナ）のような問題から始めると良いでしょう。ゆくゆくは、「リンゴとバナナのどちらかな？ これは赤くないよ」↓子「バナナ！」↓母「違うよ。実は、『赤くない』はヒントでなかったよ。答えは……」と言って青いリンゴを見せる……という取り組みも良いでしょう。そのことを通して、筆者は子どもに「リンゴは全て赤いと決めつけてはダメよ」「答えに近づけないのは、ヒントと言わないよ」と伝えるでしょう。

（7）すぐに調べる習慣づくり、考え方の手がかりを与える話し方

「晴れているのに、雨だ」↓「ほんとだ。こういうのを『キツネの嫁入り』と言うのよ」↓「なんで『キツネの嫁入り』なの？」↓「さあ、知らないわ。調べてみたら？」というようなやりとりを通して、すぐに調べる習慣をつけさせたいものです。「親にも先生にもわからない」ことになっても、子どもは「大人もわからないことがある」と学ぶでしょう。

子どもが「宅急便」を「たっきゅうべん」と読んだとき、「たっきゅうびん」と訂正するだけでなく、「『郵便』は『ゆうびん』と読むから、『航空便』『便箋』など手紙と関係するものは『びん』と読む。『便利』

は『べんり』と読むから、『方便』『交通の便』などは『べん』と読む。排泄物を意味する『便』は『べん』と読むから、『小便』『便秘』などは『べん』と読む。こう覚えると、今後間違えることが減るよ」と紹介すると良いでしょう。

「ひとかたまりもない」と子どもが言ったら、「ひとたまりもない」と訂正します。「1つの塊がこわれるから、『ひとかたまり』と思っていた」と子どもが言うと、「『たまり』は、『たまらん』の、我慢する意味の『堪る』かな」などと一緒に調べると良いでしょう。

(8) 単語をターゲットにした言語指導

思いをめぐらせる力が弱い子にとっては、日記は苦行でしょう。その場合は、単語をターゲットにした言語指導も必要でしょう。例えば、「とたんに」を使った短文作りのとき、例文を参考にして作らせたり、「辞書的意味からはあっているが不自然な文（「学校へ行ったとたんに、先生に紙を渡した」など）」を推敲させたりする方法が考えられるでしょう。筆者は、小学校の難聴学級にいたとき、短文作りのプリントを大量にさせられたことを覚えています。筆者は、わりとすぐに短文が作れましたが、ときどき「これは不自然だよ」と返され、さらに微妙な使い分け方を体得していったように思います。難聴学級の友達が短文作りに四苦八苦しているのを見て、「それ、辞書的意味からはあっているけど、不自然だ。でも、説明が難しいな」と思ったこともあります。聾学校では、最近短文作りをあまり見かけなくなりましたが、この短文作りの意義はもっと評価されて良いと思います。一般の小

学校でも、教師がマルつけをして、「この子の書いた短文は傑作だ」と笑ったり「これは○にすべきか△にすべきか。何とコメントしようか」と考えさせられたりしています。

また、上のような4コマ漫画を見せ、時系列に沿って並べる→各場面を文章化する→間に入れる接続詞を選ぶ→全体を文章化する、というような取り組みも試みたいものです。

京都聾学校でも、根本進氏の「くりちゃん」という4コマ漫画を使って、文章を作る力を伸ばそうとする実践が見られました。

(9) 場面と一体でことばや文を覚えさせる

聾学校で教えた経験があり、現在文部科学省に勤務する大西孝志氏は、「聞こえる子どもの場合であれば、意味は分からなくても、何となく聞いたことがある、何となく使ったことがあるという経験から、そのことばの意味を推測したり、会話の流れに沿って使ったりすることができる」と述べ、「あれれ」と「あららのら」の使い分けに関する自身の体験から「私は、『分からない言葉はどれか？』と質問することが少なくなった。子どもたちから、言葉は経験や体験と結びついた活動を通して身につけるものであり、意味調べだけによって身につけるものではないことを教わったからである」と述べています。[95] 筆者も、「こんなときにこの語を使うよ」と紹介されるだけで、何となく使い分け方がわかっていった経験が多くあります。

絵本の読み聞かせで、文章を縮めて読むと子どもから抗議されることがありますが、これは、文章がまるごと自然に子どものからだに入っていることを示しています。筆者としては、物語や国語の教科書の主要な文章がまるごと子どものからだに入ると、大きな効果があると感じています。聴児の小学校では、音読が奨励されていますが、聴覚障害児にも自然に暗記できるぐらいの「音読（手話をつけて読む方法でも声なしで口だけを動かして読む方法でも可）」を勧めたいです。むりやり「暗記」しようとすることは大人でも苦痛なので、暗記しようと思わないのにいつのまにか覚えてしまっているという方法を工夫してほしいものです。暗記が難しくても、文章をコピーして、原文を見なくても言えるところは黒く塗りつぶしていく方法も考えられるでしょう。すると、説明が難しい使い分け方や副詞の呼応などが、何となくからだに入っていくように感じます。

(10) 五感を大切にした言語活動

聴覚障害児に対する作文指導に取り組んでいる磯部史子氏は、「夏の部活動について短作文を書かせると、どの生徒も体育館の暑さを書いたが、単純に『暑い』とだけ表現し、読み手に情景が伝わらない作品が多かった。そこで、全員に共通する『体育館が暑い』という部分を取り上げ、五感を使って表現する取り組みを行った。視覚、聴覚、嗅覚、触覚、味覚のうち、2つ以上を取り入れて表現することをルールとした。自分の感覚をリアルに表現するという取り組みに生徒は夢中になり、様々な表現が生まれた」と述べ、生徒たちが「体育館に入ったとたん、蜃気楼が見えたような気がした。生暖かい空気が肌に触れると、汗がじわじわ出てきた」「体育館の中は、まさに真綿に包まれたような暑さだった」などと書けるようになったことを紹介しています。[96] この取り組みに対して、長年聾学校で日本語指導に取り組んできた久米武郎氏は、「追い込む」こと、すなわち、「『東京に行く』と『東京へ行く』の違いを認識できるまで追い込んでいく」こと、「書かせるなかで様々な表現方法や言葉があることを伝えていく」こと、「手話を有効に活用」し、「手話の表現を日本語にかえし、言わせ、書かせる」ことを助言しています。

(11) 日記などをどんどん書かせる

日記は、日本語の力を伸ばすのにとても良い取り組みですが、「今日は～をしました。そして、～をしました。楽しかったです」という単調な文ばかりにならないように工夫が必要です。日記を書く前にどんなことを書くかを尋ね、「そのとき、どう思ったの？」「それは具体的にどんな様子だった？」などと会話を重ね、そこで出てきた単文をつないで重文や複文を作るとどうなるかを示してから、生徒に書かせる方法も良いでしょう。帰国子女に対する作文指導で、一問一答の結果出てきた単文を書き留め、ある話題と別の話題をひとまとまりの文章にまとめるとどうなるかを示すことを繰り返すことによって、生徒が自力で書けるようになった実践も見られます。[97]

ある程度文が書けるようになったら、今度は、「会話文から書き始めてみる」「オノマトペ（擬音語・擬態語）を最低1つは使う」「『一番印象に残ったことは……』『これらの経験から学んだことは……』のような文を最後に入れる」「ある1分間の出来事や心の動きを400字で書いてみる」などのルールを課しても良いでしょう。それが書けるようになるためには、周囲の大人が自らオノマトペを意識的に使う、1分間の出来事に焦点をあてた長い会話をする、などの取り組みが日頃から必要でしょう。そして、学校では、「今日の日記では、『○○○』という難しいことばを使ってみたよ。このことばを含む文章はこれだよ」の紹介文を作り、友達に紹介し合う取り組みも良いでしょう。

最近、子どもの作文に赤ペンを入れるのをためらう教員がいます。確かに間違いを何回も指摘されると書く気をなくす例、正しいとわかっている範囲でしか書こうとしない例が見られます。けれども、守備範囲を狭めると日本語の力は伸びないでしょうし、日本語の間違いや不自然さを在学中に指摘しなかったら、子どもはそれをどこで理解するのかと思います。「在学中にもっと日本語を勉強すれば良かった」と言う卒業生もいます。それで、修正は最小限にする、さりげなく直して目を通させるだけにする、赤ペンがたくさん入りそうな場合は書く前に会話によってリハーサルする、などの工夫が必要でしょう。間違いをおそれずどんどん書く子どもに育てるためには、修正を最小限にしてどんどん書かせることを優先するとき（例えば交換ノート）と、正しい日本語表現を徹底的にからだに入れさせようとするとき（例えば意見発表会のための指導）をうまく組み合わせる必要があるでしょう。

7章 取り組みⅡ 「考える力」の育成

「9歳の壁」の克服のための取り組みの1つとして、前章で「語彙ネットワークの充実・拡大」のための取り組みについてまとめました。本章では、「『考える力』の育成」に向けての取り組みについて、筆者が考えていることをまとめます。実践例として、2010年度以降の『聴覚障害』誌に書かれている論文からいくつか抜き出します。

1 「考える力」の重要性

OECDの「生徒の学習到達度調査」(PISA)の結果は、いわゆる「PISAショック」として知られています。PISAは、いわゆる「知識」を習得するだけでなく、「活用」する力をも評価しており、それまでの日本が評価していた「学力」とは若干異なります。日本の子どもたちは自由記述問題が苦手であり、白紙回答が目立ったということです。その後、「学力」のとらえ方は変容し、現在の新学習指導要領は、特に思考力・判断力・表現力などを育む観点から「言語活動の充実」を謳っています。本書では、「ＰＩＳＡ型読解力」や「批判的読み」の問題には立ち入らず、「考える力」とは単に「物事の背景にまで思いをはせる力」「関連（共通点・相違点など）や根拠を考える力」「創造する力」「それまでの話を受けて、自分の意見をまとめる力」のこととしておきます。

聴覚障害児の日本語指導に関する研究を進めている澤隆史氏は、「ＰＩＳＡなどで求められている日本語を使って考える力、考えながら日本語を読み・書く力を身につけるためには、日常生活でのコミュニケーションを充実させるとともに、授業のなかで子どもの持つ日本語力をしっかりと把握した上で、提示する題材、発問の在り方、効果的な教材を工夫した『考えさせる』授業づくりが必要となる。指導すべき内容を『構成法的』に整理した上で、『自然法的』なやり取りを通じて思考を深め、日本語を役立つことばとして実感でき、獲得できるようにしなければならない」と述べています[98]が、ここでもいわゆる「構成法的アプローチ」と「自然法的アプローチ」を対立させるのではなくバランス良く組み合わせて指導する必要性が指摘されています。

聾学校教員である佐藤文昭氏は、「ＰＩＳＡ型読解力の育成」のために、ＩＣＴ教材やワークシート教材を用いて、「絵に描かれた状況を推測し、他者の意見と比べて肯定的、批判的に理由を述べる活動」などを展開させています[99]。彼も指摘するように、「テキストを読む」力や生活の中で読む力、聴覚障害児が苦手と思われる「相手の心を読む」「空気を読む」力の育成のための工夫が求められるでしょう。

2 「考える力」がないときの例

「考える力」がないと、丸暗記によって切り抜けようとしたり、全体（文章）を読まずに部分（単語）に着目して短絡的に答えを選んだりする傾向が見られます。

「AのときBを使う」と聞き、深く考えずに「B」という方略を覚えて使いますが、その後「A'のときB'を使う」と聞くと、「A」と「A'」の関係を見極めようとせず、あっさり「B」を廃棄して全面的に「B'」を使おうとする例が見られます。矛盾するかのように見える事例に遭遇したとき、「B」や「B'」が使える条件を分析することが難しいのです。ある意見（正）に対して違った意見（反）が出され、より高い理解（合）に達するという「正―反―合」の考え方がありますが、「正」と「反」の間で揺れ動くばかりで、両者が矛盾なく共存する新しい考え方である「合」に至ることが難しいのです。

3 「考える力」の育成のための家庭での取り組みの例

(1) 想像力を育む

筆者は、「想像力」と「考える力」はつながっていると考えます。

生物の授業で、「人間の体の中に細胞はいくつあるかな」と半ば冗談で質問したとき、「46」「23」

などの答えが返ってきて驚いたことを述べましたが、その話を幼稚部の先生にすると、「あの子たちは、幼稚部のとき私が担任したけど、『顕微鏡は、目に見えない小さな物を見るためにある』と教えたのに、もう忘れてしまったのね」と言われ、さらに驚いたことがあります。「目に見えないぐらい小さい」の意味が本当にわかるのは、もっと後になってから（9歳以降？）であり、それまでは、「顕微鏡は目に見えない物を見る道具」という知識を授けることより想像力を育むことのほうが大切ではないかと思いました。つまり、自分の体が小さくなるとあたりの物がどう見えるかを想像する力が、後に分子や原子の概念を理解するときの土台になるのではないかと思いました。

「想像力」は、「発想力」「ひらめきの力」にもつながっていると感じます。「太陽は赤色で描く」「顔を描くとき、まず顔の輪郭を書いて、目と眉毛を描いて……」「こんな絵はおかしい」などと、子どもの自由な描写に制限を加えるような指導方法は、筆者としては好きではありません。「これは個性的だな」と感じる方向に伸ばしてほしいと思います。

（2）理由を考えたら、ほめる

筆者は、母から「背中を掻くときに使うこれは、『孫の手』よ。孫の手に似ているからかな」と言われ、「なぜ『子どもの手』と言わないの？」と尋ねたら、「私にもわからない」と言われたことを記憶しています。

また、ある幼児は、母親から「これ（たまたま白い花であった）は『おしろいばな』よ」と教えられた直後に、赤いおしろいばなを指さして、「これは『おあかいばな』だね」と言いました。そのとき、母親は「すごいね。『おしろいばな』と聞いたときに、ちゃんと理由を考えながら聞いていたんだね」とほめました。このように、日頃から、何気なくことばを聞くのではなく、理由を考えながらことばを聞く姿勢を培わせたいものです。

（3）共通点を考えたら、ほめる

間違いであっても共通点を考えられていたら、ほめるようにしたいものです。「ハト」と「スズメ」の共通点を尋ねられて「どちらも鳥だ」と答えられても、「ハト」と「金魚」の共通点となると答えられない例が聴覚障害児には多いという印象を、筆者は抱いています。聴児の場合は、「生き物」「生物」ということばを使えなくても、「どっちも生きている」などと言いますが、聴覚障害児は「忘れました」「わかりません」と簡単に言う例が多く、「鳥」「魚」のようなことばで答えなければと思っているようだと感じたことがあります。「新聞」と「テレビ」の共通点はさらに難しいです。日頃から共通点を考える習慣をつけさせたいものです。共通点を考える力は、比喩を考える力と重なるように思います。

「めがね」「窓」「テレビ」などのカード（絵カードでも字カードでも可）を使って共通点を考えさせるゲームもおもしろいでしょう。次頁のイラストに示したように、机の上にカードを1枚置き、皆に数枚ずつ配ります。机の上にあるカードとの共通点がある手持ちのカードを、共通点を言って出し

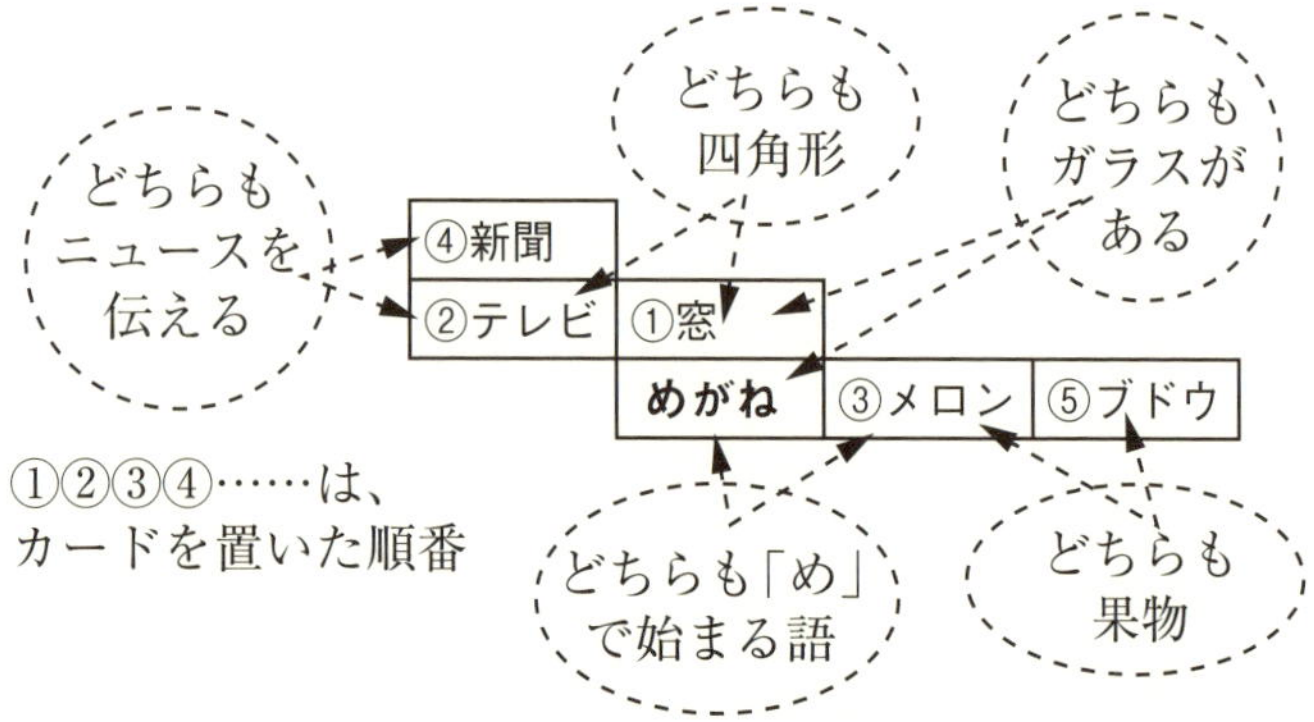

ます。共通点が見つけられなかったら、机にある山のカードから1枚取ります。手持ちのカードが早くなくなれば勝ちです。「どちらもガラスがある」「どちらも果物」「どちらもニュースを伝える」「どちらも生き物でない」など、いろいろな共通点を考え出す力の育成につながるでしょう。

(4) クイズを楽しむ

病院の待ち時間のようなひとときをとらえて（周囲の迷惑にならない範囲で）、母「これは、マル？ ペケ？ 考えてね。雨がワンワンと降りました」→子（げらげら笑って）「ペケ！」→母「野菜をとんとんと切りました」→子「？」→母「これはね、マルなの」（さりげなく言う）というように、「○×クイズ」を楽しみたいものです。

何かを買ってきたとき、そのまま子どもに渡すのではなく、クイズを出すことによってある条件を満たすものを考える力を育てたいです。「1つめ、『え』で始まるもの。2つめ、細長くて、『1本、2本と数えるもの』……」などとヒントを与えます。「それは食べられる?」などの質問を認めても良いでしょう。「それは食べられる?」と尋ね、「食べられない」と言われた後、「それは果物?」と尋ねてきたとき、「食べられない果物ってあるのかな?」と問いかけると、子どもは、その後質問の仕方が上手になっていきます。

クリスマスのとき、発達年齢にあわせて、プレゼントの置き場所を「暗くてあたたかいところにあるよ」「冷たいところで牛乳と仲良くしているよ」「食器棚の下にあるよ」「プレゼントの下に食器棚があるよ」「家の中と言えば中とも言える。家の外と言えば外とも言える。そういうところにあるよ」のようなクイズで考えさせるのもおもしろいでしょう。

(5)「矛盾に気づく力」「論理的思考力」を育てる

幼稚部から小学部にかけて、サンタクロースは本当にいるかがよく話題になりますが、子どもが「サンタは、本当はママ?」と尋ねてきたら、「ママはサンタの服を持っていないよ」「ママがサンタなら、あんな高い品物を買わないよ」のように、親子で「攻防戦」を楽しみ、それを通して論理的思考力を育みたいものです。母が「クリスマスイブのとき、玄関にお茶を出しておくと、翌朝湯飲み茶碗が空っぽになっていたでしょ」と言ったとき、弟は「ああ、そうだね。サンタさんが来たんだね」と言いましたが、兄が「だけど、それは、ママがお茶を飲んだら空っぽにできるよ」と反論してきたこともありました。

ゆくゆくは、『名探偵コナン』のアニメなどを一緒に見ながら、「この点は不自然だ」「~が犯人だったらあんな行動はとらないはず」などの会話を楽しめる力をつけさせたいです。「心の理論」の問題が解けない子どもは推理小説のおもしろさがわからないだろうと聞いたことがありますが、その通りだと思います。筆者も推理小説が好きで、多読しました。今でも、推理小説を読み終わった後、「この点が少し不自然だな」と考えることがあります。

「①リンゴが4個、みかんが7個ある。かけるといくつか」や「②きゅうり3本ととうふ2丁がある。全部でいくつか」はナンセンスな問題で、「③5個入りのガムを9個買った。何円か」は不適切な問題ですが、小5の聴児でも、「おかしな問題」と言われないと出された数字を使って答える例が多いということです[100]。京都聾学校高等部で実施したところ、学力が高い集団でも同様の傾向が見られました[101]。特に「きゅうり3本ととうふ2丁を足す」ことについて、「おかしな問題が混じっている」と言われても、おかしさを指摘できたのはごくわずかでした。通常単位が違うと足せないことや問題のおかしさを指摘できる力について、筆者は聴覚障害児と聴児の間に差があることを感じますが、この力は一朝一夕にはつかないでしょう。ふだんから「それ、おかしいよ」と言い合えるような会話の蓄積が望まれます。

(6)「渾然一体としたもの」を解きほぐす力を育てる

「100円玉の重さは1円玉何個分か？」の答えを「1・5・10・100」から選ぶ問題で、金額と重量を混同する例が多く見られます[102]。「100円硬貨は1円硬貨の何倍か」では、金額面であれば「1

00倍」が、重さの面であれば「5倍」が答えとなりますが、渾然一体としている事象から「金額」や「重量」という側面を取り出す力をつけさせたいものです。正方形の1辺の長さが3倍になれば面積は9倍になりますが、長さと面積を混同する例も多いです。「金額か重さか」「長さか面積か」などに留意して聞く力は、授業中「何が3倍になったのかをきちんと読み取るように」と注意するだけではつかないと感じています。

そもそも聴覚障害児は、視覚的な全体の印象やイメージで記憶する例が多いようです。漢字の読みの問題は文法や読解に関する問題と比べると良好なことが多いですが、漢字の読みの誤答例を詳細に分析すると、「扇」の読み方として「せんす」や「うちわ」を選ぶ（「扇子」や「団扇」と混同したのでしょう）、「長短」の読み方として「ちょうしょ」を選ぶ（「長所」と混同したのでしょう）、「煩雑」の読み方として「ひんざつ」を選ぶ（「煩」と「頻」を混同したのでしょう）というような例が多く、これらは、ある語を見てふだんよく目にする語を先にイメージしてしまう傾向を示すと思われます。「似ている」にとどまらず、「似ているけど違う」ことまで意識化させ、イメージに引きずられない読みができるようにさせたいものです。

(7) ルール変更に対応できる力を育てる

トランプなどを通して、ルール変更に対応できる力をつけさせ、ゆくゆくは、「『こういうものを○○と言う』というルールがあるとき、～は○○と言えるか」に対応できる力を獲得させたいものです。

これは、「定義から出発した思考」につながるでしょう。「仮に、スズメやカラスのように羽があり、空を飛ぶものを『魚』と言い、金魚やコイのようにえらがあり、水の中で泳ぐものを『鳥』と言うとする。では、ハトは『魚』と『鳥』のどちらか？」と尋ねたとき、「そのように仮定するなら、ハトは魚だ」と答えられず、「スズメやハトは鳥だよ！　魚じゃないよ！」と言い張る場合、その後高いレベルの教科学習を進めることは難しいでしょう。数学で、「4つの角が直角なら長方形と言える。では、これ（正方形）は長方形か？」に対して、「正方形は正方形だ！」と言い張る例が見られ、[103]「このように定義すれば……」と説明しても、なかなか理解されなかった経験があります。定義が変われば名称も変わること、名称は絶対的なものではなく便宜的なものであることを理解させたいものです。

（8）「もし～すると、どうなるか」や因果関係を絶えず考える習慣をつけさせる

外出するとき、周囲の大人は「帽子を忘れないように」と声かけするでしょうが、「もし帽子を忘れたらどうなるか」を考えさせたいものです。低年齢の子どもの場合、「お日様に負ける」のような答えで十分でしょう。また、テストなどのとき、周囲の大人は「名前を書き忘れないように」と言うでしょうが、「もし名前がなかったらどうなるか」を考えさせたいものです。何気なく名前を書くのではなく、その行動の意味や目的、背景にあるものを常に考える習慣づけを図る必要があります。それで、周囲の大人は、「名前をちゃんと書きなさい」と指示するだけでなく、「もし名前を書かないとこうなるから、名前をちゃんと書こうね」というような言い方を日頃から心がけたいものです。

この間隔で置けば、うまく倒れるかな？
plan
do
間隔を詰める必要があるな。
see

(9) 疑問をもち、検証する力を育てる

「こうしたらうまくいくかな」と仮説を立てて（plan）、やってみて（do）、「うまくいった／いかなかった」と評価する（see）という営みは、積み木遊びで、積み木を積み上げ、うまくいかなかったら積み上げ方を変える、ピタゴラスイッチ（ドミノ倒し）作りで、うまくいかなかったら置く間隔を変えてみる、というように乳幼児期の遊びのときから見られるものです。それで、「集中して遊べる子ども」というのは、「plan-do-see」のサイクルを次々と作り出せる子どもである、とも言えるように思います。

最初は、この「plan」は簡単なもので、また、「do」と「see」の間は短いのですが、徐々に「plan」を複雑なものに、また、「do」と「see」の間を長いものにしていきたいものです。この「plan」が高度なものになると「仮説とその検証」につながり、「do」と「see」の間が長くなると「実験」のようなものになっていきます。

例えばカマキリの卵を見つけたとき、「これはカマキリの卵よ。ここから赤ちゃんがたくさん生まれるよ」だけでなく、「①まっすぐに立てる、②横向きにする、③逆さにする、①〜③で孵化する虫の数に違いはあるかな。これを調べるにはどうしたらいいかな」などと、子どもと一緒に「疑問に思う→仮説を考える→実験計画を立てる→観察する→結論をまとめる」の過程を経験したりして、仮説を考える力や検証する力を育てたいものです。

筆者の子どもが「クツワムシは、草の中で育つと緑色に、土の上で育つと茶色になるのだろうか」という疑問を抱いたとき、「それを調べるためにはどうしたらいい？」と声かけし、孵化したばかりのクツワムシの赤ちゃんをそれぞれ緑色と茶色の色紙でおおった虫かごの中で育ててみようということになりました。ところが、実際には、家族旅行中虫かごを祖父母の家に預けたら、ネコが来てクツワムシを食べてしまいました。それで、子どもは、夏休みの自由研究に「ネコが食べたので、実験を続けられませんでした」と書いて提出しましたが、「結果が大切ではなく、なぜだろう、それを調べるためにはどうしたら良いだろうと考えたところが良いのだ」と評価され、なるほどと思いました。

ことばについても、「『お湯をわかす』は、お湯をやかんに入れてわかす意味にならないか？」などと考えて、誰かに尋ねる力を培わせたいものです。周囲の大人がよくわからない場合は、調べ学習に導いたり、「結局、諸説あるね」で終わったりしても良いでしょう。大切なのは、疑問に思う力ですから。

(10) 最後まで言う習慣、解決方法を自ら考える力を獲得させる

家族どうしでは「まあまあ」となりますが、学校では、子「ティッシュ」→先生「それがどうしたの？」

↓子「ティッシュをください」、子「ノートを忘れました」↓先生「で?」↓子「えーと、白い紙をください」、のように、最後まで言う習慣、自分でできる範囲で解決方法を考えて言う習慣を身につけさせたいものです。というのは、会社などで、「聴覚障害者は、自分で解決方法を考えようとしない。他者任せのような態度が多い」「何かトラブルがあったとき、『こうしたら?』と言うと、お礼のことばではなく、『OK』などと言う」「トラブルに直面したとき、自分は職場を放棄して引っ込み、上司や母親が問題解決のために動き出すのを待っている」という声を聞いたことがあるからです。

(11) ある出来事からいろいろと思いをめぐらせる力を育てる

火事跡を見て、「火事があったね」のように事実を述べる文だけでなく、「けが人は出なかったかな」「火事が起きたとき、隣の家の人はどうしたかな」などとその場で目に見えないことにも思いをめぐらせる力があると、良い日記や作文が書けるでしょう。そのためにも、日頃から会話の中で、大人がそのような発問や感想を添えるようにしたいものです。

(12) 出された状況から考える力を育てる

「見えていることを描く」という課題では、「そのコップに取っ手がある」という「知っていること」はさておいて、取っ手が見えなければ取っ手のないコップの絵を描く必要がありますが、幼児は「知っていること」を描くのに対して、年齢が高くなると「見えていること」だけを描けるようになりま

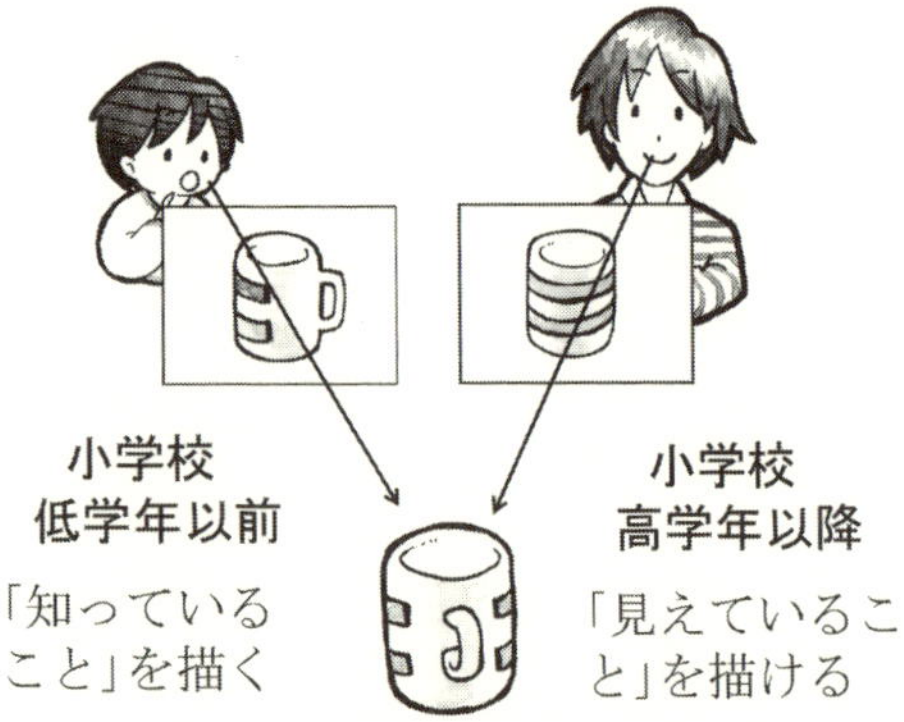

す。つまり「知的リアリズム」から「視的リアリズム」へ移行します。

いろいろなことを知っているのは良いことですが、「学習言語」の獲得のためには、それだけでなく、「自分の知っていること」をさておき、「その場で考慮に入れられること（入れても良いこと）」を限定し、その限定された枠の中で考える力も求められます。

附属聾学校教員である江口朋子氏は、「（はりもぐらは）はなのさきで、おちばをかきわけて、ありやしろありをたべます」という教科書の文を使って、「ありはどこにいるか」「ありをどうやって食べるか」と質問したときの「失敗談」を綴っています。[104] この文では、「ありは落ち葉の下にいる」ことを読み取って答えるべきでしたが、児童は「ありは土の中にいて、はりもぐらは土を掘って食べる」と答えたといいます。つまり、児童は、「ありは土の中に巣を作る」という自分が知っていることを使って答えたと思われます。

この「条件を限定してそこから考える力」は、相手の状況を

「はりもぐらは、はなのさきで、おちばをかきわけて、ありやしろありをたべます」

→この文が示しているのは、①と②のどちら？

考慮に入れて話す力につながるでしょう。相手が知っているかどうかを考えて文を作る力です。それまで話を聞いてくれる人（母や保育園の先生など）は、自分のことを何でも知っている人であり、断片的な文から意味を汲み取ってくれましたが、小学校高学年以降ともなると、自分のことをほとんど知らない人にはそれにあわせた話し方をする必要があります。ですから、子どもは自分が何かを話したとき、「ちょっと待って。それはどこでの話？」などと質問され、それに答えるという経験を積み重ねる中で、「相手は自分が知っていることを知らない。こんな話し方をすると、こんな質問が出るだろう。だから、最初からこのことも添えて伝えたほうが良い」などと判断できるようになっていくでしょう。

(13) 他者の気持ちを考える・空気を読む

「9歳の壁」を越えている人は、自分の思いと相手の思いの両方を考慮に入れた言動や、自分の思いを口にした後の反応を予想した上での言動、周囲の空気を読んだ上での言動ができる人が多いでしょう。家庭では、まず自分の気持ちを言語化する力、相手の気持ちを推察する力、自分が行動に移したときの反応を予測する力、自分と相手の思いが両立する解決方法を考え出す力の育成に向けた日頃からの働きかけが大切でしょう。そのために、周囲の大人が、自分の感情やその移り変わりを言語化してみせることも大切でしょう。

大人どうしのやりとりや大人のつぶやきを耳にはさめる聴児は、それを通して、「大人はこういうときこう思うのだな」などと学んでいきますが、1対1で言われたことしか入りにくい聴覚障害児は、大人もいろいろな感情を抱き「我慢」したりしていることを学びにくいように思います。筆者も、成人以降兄から父に関する話を聞き、「父は、本当はこれがしたかったのに我慢していたのか。兄は聞こえるから、耳に入った話からいろいろな人の性格や複雑な事情を知っていったのだな」などと初めてわかったことがありました。

4 学校での取り組みの例

❸節で述べた家庭での取り組みは、学校でも必要な取り組みでしょう。他に、学校でできる取り組みの例について述べます。

（1）他者の気持ちを考え、行動の仕方を考えさせる取り組み

他者の心や感情について考えさせる取り組みは、いろいろな聾学校でも見られます。

自己中心的に考えがちな生徒、わからないときに確認したり筆談を依頼したりできない生徒、相手や周囲の人の気持ちを考えた行動ができない生徒、自己肯定感が低い生徒が多いという傾向は、以前からいろいろな聾学校で指摘されています。

聾学校教員である山之内幹氏は、目に見えない人の心の動きと自分がとるべき行動を考えさせるためにペープサート（紙人形劇）による指導を試み、「ペープサートから問題行動に気づくことはできても、望ましい行動を考えさせる段階で、提示された視覚情報の操作からでしか、その場に適した行動を考えようとしない聾児がいることが明らかになった。また第3者的立場でどういう行動をとったらいいかを考えさせることについては、教師の言葉の選び方や発問の仕方をより具体的にするなど、工夫が必要」と述べています。[105]

ある聾学校は、「他者の意図を読み取ることや周りの状況の理解の不十分さから、ときに、自己中心的な行動をすることがある。それは、情報量の少なさや理解言語の不足、語いの不足によるコミュニケーション障害が原因の一つと考えられる」と述べ、「気づく目を育てよう」「いやな顔してない？」「自分はよくても相手はいやかも」を考えさせる取り組みを展開しています。[106]

「聾者は、発声は疲れる。だから、会社で声を出したくない」と言う人が見られますが、いろいろな立場の人のことを同時に考慮に入れられる人は、「全ての聾者が『発声は疲れる』と思っているわ

けではないから、『自分は……』と言うほうが適切かもしれないな」「聴者の相手は『不十分な発音でもあったほうがわかりやすい』と言う。自分は『（聴者の）不十分な手話でもあったほうが意味をつかみやすい』と思う。そして、相手は『自分は手話は疲れる』と思っているだろう。とすると、自分が発声をやめて、相手に手話の使用を求めることは、アンフェアになるかもしれないな」などと考えられるようになるでしょう。

（2）「場を離れた話し合い活動」の実践例

附属聾学校に勤務する天神林吉寛氏は、「わたりの指導とは、幼稚部時代の言語指導中心の学習から、その後の小学部で始まる教科学習に備えての、主として言語面に対する指導のことである。指導を通して、生活言語から学習言語へと言葉の質を高め、それまでの『話す』『聞く』が中心だった言語活動から『読む』『書く』こともできる力へと導くことをねらった指導である」と解説し、そのために「5歳の坂」を登り切ることの大切さを指摘しています。そして、指導を通してつけたい力として、「話を聞いて、その内容（経験・知識・情報）をイメージできる。分かる。言葉の文脈による理解ができる。言葉による説明が理解できる」「言葉で事柄（経験・知識・情報）を分かるように話せる。説明できる。言葉の文脈による説明ができる。言葉による事柄の説明ができる」「書き言葉を媒介にした経験・知識・情報の交換ができるようにする。文、文章を読んで、内容（経験・知識・情報）が分かる。事柄（経験・知識・情報）が分かるように文、文章が書ける」を掲げています。[107]

千葉聾学校に勤務する鈴木惠利子氏も、「『話し合い活動』を通して、子どもは相手の意図を理解し、思考し、自分の意見を相手に伝えるという経験を重ね、生きたことばの世界を広げていく」と述べ、幼稚部での話し合い活動における教員の役割や働きかけのあり方を検討しています。[108]

附属聾学校に勤務する江口朋子氏は、朝の15分間を使ってある児童が最近の出来事を簡単に話し、それに対して他の児童が質問するという「朝の会活動」を紹介し、「おかしい、どうしてと考えることもとても大事なことで、幼いながら論理的な力の第一歩と言えるでしょう。間違ってもいいから自分なりに考えること、経験や知識を総動員して考えることが思考力を育てます」と述べています。[109] 例えば、中学生のお姉さんが大人料金と聞き、「お姉さんが大人？ 大人は20歳以上なのに……」とぶつかった例は、「大人」には「20歳以上の人」という意味だけでなく、別の意味もあることに気づき始めた例と言えるでしょう。「北海道からイクラを送ってもらった」と聞いて、「北海道から送られている間に腐らないのか？」と尋ね、「冷凍車で運ばれる」と聞いて「運転する人はたいへん」（運転者は冷凍室にいると思ったのでしょう）と言う、このような会話の中で、冷凍車の存在を知り、冷凍室と運転室は別にあることを学んでいくのでしょう。また、秋に「兄が修学旅行で沖縄へ行った」と聞いて、「夏じゃないのに、どうして？」と聞くことにより、「沖縄＝夏に行くところ」という固定概念が砕かれたことでしょう。

（3）「集団」について

筆者は、京都聾学校高等部の自立活動で「相手にわかりやすいよう伝え方を工夫する」ことを目的とした取り組みを行いましたが、それは、5×5マスの表のどこかに★印や▽印を書いておき、それを見た生徒（A子）が他の生徒に文字や位置を口話や手話で伝え、他の生徒はそれを聞いて手持ちの表に記入するというものでした。A子の伝え方は教員から見ても上手とは言えないものであり、実際B子やC男は間違えて記入しました。これは、口話や手話を使って適切に伝えられるかを見るものなので、伝える側が気の回る生徒なら、多くの生徒が間違えると「自分の伝え方が悪かったのか」と思うでしょうが、A子は笑い出しました。伝えられる側が気の回る生徒なら、他の人も多数間違えているのを見て「伝え方が下手だったから」と思うでしょうが、B子は泣き出しました。そして、元の表が発表されたとき、C男たちが「こんな伝え方をすべきだった」などと言いましたが、そのときのA子の様子を見て、教員から言われたときと友達から言われたときの違いを感じさせられたのと同時に、「取り組みの意図を察知する力」や「うまくいかなかった原因を分析する力」はどうやって培われるのかと改めて考えさせられました。休憩時間は話が合う生徒で固まりがちですが、軽度の知的障害があるとされていたA子の話し方は、場を共有していない人にはわかりにくいことが多く、A子の話し相手は教員が多くなっていました。

具体的思考から抽象的思考に移行する際に、他人に説明してみることが大きな力となると考え、そのような実践を展開している小学校も見られます。[110] 附属聾学校（特に小学部）が「話し合い活動」を大切に考えて取り組んでいるのもうなずけるところです。

教育学者である佐藤学氏は、「欧米諸国においては『習熟度別指導』の失敗は誰もが認める事実」であり、「ＰＩＳＡ調査においてトップレベルの国々が『習熟度別指導』を廃止することによって学力向上を実現したことが確認されている」と述べています[111]が、発達年齢や学力格差がどれぐらいまでの差なら同一集団で行うほうが効果的なのかなどに関する詳細な分析や研究が今後ほしいと思いました。

「集団の作り方」に関してさらに言うと、「聾者の世界では通用するが、聴者の世界では通用しないこと」を聴覚障害児に理解させるためには、どんな集団・環境や取り組みが必要でしょうか。多くの聾学校では、少子化や障害の幅の広がりにより「集団の確保」が難しくなりつつあります。また、幼稚部のときから同じ集団であり、力関係や上下関係が固定化されがちです。いわば「お山の大将」として育った人が、仕事の内容がはっきり決まっていない職場に就職し、自分の思いと違うとすぐに感情を顔に出したり、最初の分担案に異を唱えず、その後仕事の具体像が見えてきたとき「ムリ。断ります」と言ったりして、職場での人間関係がこわれていった例があります。つまり、自分の力量を知り（メタ認知）、分担案を聞いて「自分に務まりそうか」を考え（見通しをもつ力）、「ムリ」と言うだけでは周囲の人が困るだろうと考え「こんな方法だったらできると思う」などと言う力（空気を読む力、自分で解決方法を考える力）が必要でしょう。聾学校では、教員も友達も本人の力量をだいたい知っているので、本人にあった「仕事」を回しがちですが、職場で自分の力量を超える仕事や具体的でない仕事が与えられたときパニックに陥る例が見られます。同じ断るにしても直前に断ると周囲の人も困るので、タイミングが必要でしょう。このようなことが学べる集団をどうやって保障すれば良いのでしょうか。

さらには、ある行為が社会一般で「恥」となる度合いをつかむ力を獲得させるための集団のあり方を考えるとき、聾学校の生徒数の減少という問題だけでなく聴覚障害児の人数の絶対的な少なさという問題にもぶつかり、「聴覚障害児は全て聾学校へ」という論調に即座に同意しかねてしまいます。例えば、中学生や高校生になって母親が頻繁に学校に姿を見せることをいやがる（恥ずかしがる）かどうか、職場で人間関係上のトラブルが起きたとき自分の母親が職場の上司と問題解決のために相談することを恥と思うかどうかについて、筆者は、聴覚障害者と聴者の間に差があるように感じます。

5 「考える力」を培わせるためのツール

❸節や❹節で家庭や学校における取り組みの例を紹介しましたが、他に、「考える力」を培うためのツールとして、筆者は以下のようなものを考えています。

（1）思考を深めるためのキーワードというツール

一般の小学校で、学級活動や話し合い活動での発言のパターンとして、「～と思います。なぜかと言うと、～だからです」という紙を掲示している教室をよく見かけます。「なぜ」は、確かに「考える力」を伸ばすためのキーワードであり、「なぜかと言うと」の多用により論理的思考力の伸長を図っている実践例も見られます。心理学者である内田伸子氏は、「国語の平均正答率が高い学校は、結論先行型で根拠を挙げて意見を述べさせる指導に重点を置いたと回答している割合が大きい」「特に日本語談話の特徴は時系列であるので、結論先行型の説明スタイルの習得には特別な訓練が必要である」と述べています。[112]

筆者としては、この理由に関わる「なぜかと言うと」だけでなく、仮定や条件に関わる「～ならば」、思考の発展や要約に関わる「それでは」「ということは」の多用をうながす指導もほしいと思います。つまり、話し合い活動で話し手（話題提供者）や聞き手（質問者）に求められる言語形式として、以下のようなものが考えられます。

●「理由」に関わるもの
「～と思います。なぜかと言うと、～だからです」（結論先行型）
「～なので、～と思います」（理由先行型）
●「条件」に関わるもの
「もし～なら、～です」「もし～したら、～になると思います」
「もし～なら、必ず～です」「もし～なら、たいていの場合、～です」

●発展に関わるもの
「～と聞きましたが、それでは、～ですか？」

「～だそうですが、ということは、～ですか？」

（理由）「電車が止まったと聞きましたが、それでは、彼は来られないのですか？」

（対置）「トマトは野菜だそうですが、それでは、スイカは野菜ですか？」
※日常会話では、前文を省略して、「じゃ」を使うことが多い。
●要約や語の凝縮に関わるもの
「まとめると」「一言で言うと」
●整理・列挙に関わるもの
「初めに～です。次に、～です。それから、～です。最後に、～です」

「～は3つあります。1つめは、～です。2つめは、～です。3つめは、～です」
●対比
「Aは～ですが、Bは～です」「Aは～であるのに対して、Bは～です」

ドッヂボールが良いと思います。なぜかと言うと、みんなで楽しめるからです。
お楽しみ会で、どんなことをしたら良いでしょうか？

「PISA型読解力」では、読み取った情報に基づいて自分の意見をまとめ、表現するという「批判的読み」が重視されていますが、この力を培うために、話し合い活動で相手の意見のどこに賛成・反対か、どこを疑問に思うかなどを明確に述べる活動が求められます。それで、以下のような発言ができるよう、日頃からのトレーニングが必要でしょう。

・相手の話を聞いて、自分の感想・意見を述べる

「○○さんは、~と言いましたが、私も同じだと思います(賛成です)」

「○○さんは、~と言いましたが、私は違うと思います(違う考えです)」

「~については賛成(同じ考え)ですが、~については反対(違う考え)です」
・相手の話を聞いて、わからないところを質問する
「~についてはわかりましたが、~について、もっと詳しく教えてください」
・相手の話を聞いて、別のことを考えて質問する
「~ということですが、それでは、~はどういうことですか?」

「……。それでは(じゃ)、あれは、どうなるのですか?」
・要約する
「あなたは~と言いましたが、要するに、~ということですか?」

「あなた(みんな)の意見をまとめると、~ということでよろしいですか?」

(2) 集合論的な関係を考えさせるベン図というツール

「ある概念(集合)A」と「ある概念(集合)B」の間の厳密な関係を考えることは、論理的思考力の育成に不可欠でしょう。「A」と「B」の関係を表すベン図として、次頁の図5に記すように、①~⑤が考えられます。

同じ「AはBである」という形の文であっても、「ゾウは動物である」は③となり、「二等辺三角形は、

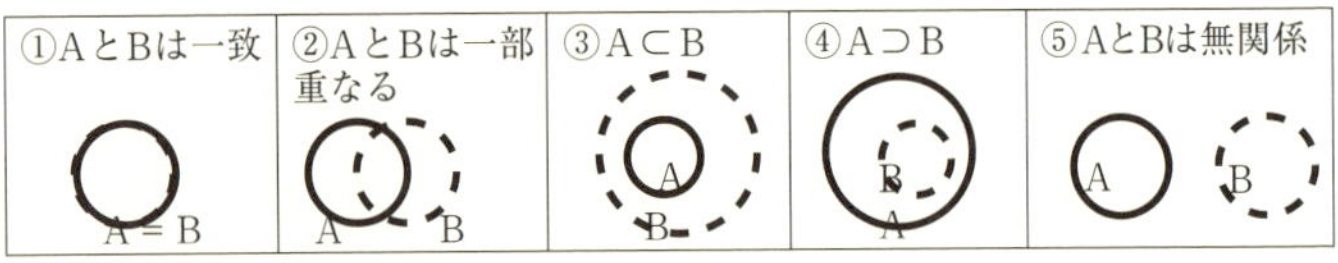

図５　集合Aと集合Bの関係

2つの辺の長さが等しい三角形である」は①となります。「規則正しい生活を送る人は健康だ」は、日常会話では通常②となるでしょう。「A　犬」と「B　動物」について、ほとんどの生徒が「③の関係だ」と正答し、「（全ての）犬は動物だ」と「（全ての）動物は犬だ」について後者はおかしいと指摘できます。「A　日本の首都」と「B　東京」については、「①の関係だ」と言えますが、「日本の首都は東京だ」と「東京は日本の首都だ」についてはいずれか一方が誤りだと言う生徒や迷う生徒が見られます。「A　20歳以上の人」と「B　選挙権がある人」については、多くの生徒が「①の関係だ」と答えましたが、ある生徒が「皇族は選挙権をもたないから④だ」と発言しました。④の関係と考える場合、「（全ての）選挙権をもつ人は20歳以上だ」は成立しますが、「（全ての）20歳以上の人は選挙権をもつ」は成立しないことになります。

「電気を通すもの」と「金属」、「嘘をつくこと」や「盗み」と「悪いこと・犯罪」の関係は①～⑤のどれになるかを考えたりすると、「グレー」の存在や「嘘も方便」の意味などが徐々につかめていくでしょう。また、例外や反例の存在を考えることにもつながるでしょう。

（太字は、子どもの記入例）

同じところ・似たことば（共通点・シソーラス）	問題となる語（ターゲット語）	違うところ・短文作り（相違点・短文作り）
良い気持ち **喜ぶ** **わくわくする** **胸がはずむ**	うれしい	**トランプに勝って、うれしかった。** **ニュースを聞いて、うれしかった。**
	楽しい	**トランプをして、楽しかった。** **昨日の遠足は、楽しかった。**
AとBの間の時間は短い	〜してすぐに	**彼は、手紙を読んですぐに、返事を書いた。（「読んだ瞬間」と言えない）**
	〜したとたんに	**彼は、手紙を読んだとたんに、「万歳」と叫んだ。（「読んだ瞬間」と言える）**

「AするとBになる」「AならばBである」についても、図5のベン図を使って考えさせると良いでしょう。「氷点下になると水は凍る」は必ずそうなる意味ですが、「ゲームをしすぎると視力が落ちる」は、日常会話では通常必ずそうなる意味ではありません。

(3) 共通点・類似点と相違点を考えさせる教材というツール

筆者は、小学校の難聴学級にいたとき短文作りをよくさせられました。その中には、「とたんに」と「すぐに」のように似ていることばもあり、「あれ、似たことばだけど、どのように使い分けるのか」と考えさせられたこともありました。そこで、上のような教材も考えられます。残念ながら、筆者は国語科の教員ではないので、自分は実際に使ったことはありませんが、筆者の子どもに対しては、会話の中で「あれ、この2つはどう違うんだろうね」などと言って、一緒に調べるようにしたものでした。

8章 取り組みⅢ　情報の確保

「9歳の壁」の克服のための取り組みとして、6・7章で「語彙ネットワークの充実・拡大」と「『考える力』の育成」のための取り組みについて述べました。本章では、「情報の確保」に向けての取り組みについて考えていることをまとめます。実践例として、2010年度以降の『聴覚障害』誌に書かれている論文からいくつか抜き出します。

1 経験のさせ方の工夫

最近、認知心理学の領域で「ワーキングメモリ（working memory）」という用語をよく聞きます。これは情報を一時的に保ちながら操作するための構造や過程を指す構成概念であり、「作業記憶」「作動記憶」などとも呼ばれます。「9歳の壁」を越えていない子どもは、短期記憶の力が弱く、ワーキングメモリが小さい子ども、時間軸が確定されていない子どもが多いように感じますが、「9歳の壁」

と「短期記憶」「ワーキングメモリ」「時間軸の確定」の関連を細かく説明することは難しいでしょう。

聾教育現場では、「経験させることが大事」とよく言われます。つまり、具体的な経験によってある事柄を子どもにより深く届けることをねらっていると言えるでしょう。そのとき「ワーキングメモリ」のような概念とそれぞれの発達段階における特徴を考慮に入れた指導が必要です。つまり、特に幼児や小学校低学年の児童は、そのときの経験を場面や感情とともに映像的・聴覚的・感覚的に記憶するので、買い物でお金を払う経験をさせても、行った店や品物の映像、自分の言ったせりふなどとともに渾然一体のものとして記憶しており、ワーキングメモリをかなり消耗しています。それで、金額のやりとりだけを抽出して、そこにひそむ法則（例えば「710円の品物を買うとき、千円札を出すより1010円出すほうがお釣りの硬貨数が少なくすむ」など）を抽出することが難しくなります。それが、一定の年齢以降になると、買い物の経験からお金のやりとりという必要な情報だけを場面から取り出せるので、ワーキングメモリの残量に余裕が生まれ、それによってターゲットに焦点を絞って考えることが可能になります。それで、筆者は、ある生徒に対して、切符の「自動販売機」（筆者の手作り）を使い、ことばでのやりとりを省きました。そうすると、1時間の授業時間内での実際のお金のやりとりの回数が格段に増え、数字と数字の関係に対する洞察が生まれやすくなりました。そして、お釣りをすばやく暗算して出せるようになりました。つまり、経験は大事ですが、本当に大事な事柄に対する洞察が生まれにくい経験ばかりにならないようにすることが必要です。生徒に実際に経験させるだけでなく、経験から深く学ばせることができるように工夫する必要があります。筆者は、重複障害生徒に対する授業で、「這い回る経験」ではなく「洞察が生まれる経験」になるよう工夫を心がけたいと考えています。

❷「耳も目も使う」ことの大切さ

「し」などの「音節」や「るちせ」のような「無意味語」の場合と、「りんご」のような「ことば」の場合とで、また状況や背景を理解している場合としていない場合とで、聞き取りの難易度は異なるでしょう。例えば、「顔●出す」とだけ（●のところはあいまいに）言った場合、「顔に出す」や「顔を出す」という慣用句があることを知っている人は、「に？　を？」と迷うでしょうが、「あの人は、思っていることをすぐに顔●出す」のような文章だと、●のところが聞こえなくても「顔に出す」とわかるでしょう。しかし、これらの慣用句やその意味を理解していない人は、依然としてわからないでしょう。

マガーク（McGurk）らによると、「ガ」と発声している人の画像に「バ」という声を付けたビデオを作成し、それを聴者に見せたところ、目を閉じて聞くと「バ」と明瞭に聞こえるにもかかわらず、「ダ」と聞こえたと答えた人が多かったそうです。[113] このことから、聴者であっても、唇の動きと耳から聞こえる音声を総合して話を聞き取っていることがうかがえます。筆者は、聴覚的情報と視覚的情報はそんなに対立しないと考えています。

朝日新聞（2012年7月2日朝刊）は、「口を見せることも理解につながる。どんな音を発したか当てる実験で、口の動きを見ないで聞いた場合、見て聞いたときよりも正答率が20％ほど下がったという。マスクをつけたり、口を覆ったりして話すと、伝わりにくいといえる。人は、話す速度、顔の表情、声の高低や抑揚などでも何かを伝えている」と述べています。この記事から、聴者は、聞こえるにもかかわらず、また聴覚障害児と比べると「口形を見なさい」と指導されることが少ないにもかかわらず、口形も参考にして聞き取る習慣があることがうかがえます。

それで、筆者は、「聴覚障害児の聞き取る能力を伸ばすため」と称して聴覚的情報に限定することに疑問を抱いています。「訓練のためにあえて短時間聴覚的情報に限定する」ことに対しては反対しませんが、「学校生活全体で聴覚的情報に限定する」ことは、本人にとって大きな損失につながると思います。聴者も聴覚的情報に限定したほうが理解度や学力が上がるというデータがあるならば、聴覚障害児も聴覚的情報に限定するほうが良いかもしれませんが、実際は、聴者でもいろいろな感覚を用いて得た雑多な情報を自分の血肉として取り入れていくからです。聴覚的情報に限定した短時間の訓練（聴能学習）によって、聴取力を聴児の90％に高められたとしても、視覚的情報がないならば90％×80％＝72％になってしまうでしょう。学校生活全体で聴覚的情報に限定することは大きな損失につながると考えるゆえんです。特に、助詞の部分は音圧も提示時間も短いことを考えると、聾学校で従来から口も見る大切さが指摘されてきた意味が改めてわかるでしょう。人工内耳装用児や補聴器装用児であっても、耳だけで聞き取れない事態やあいまいに聞こえる事態を「想定内」のこととする態勢や指導が必要ではないかと思います。

3 情報の量と質の確保

聴者にとっては、情報源として、大まかに言うと、以下の3つが考えられます。

①listen　1対1での会話から得られる情報

②hear　他者の会話や集団での会話から得られる情報（いわゆる「耳学問」を含む）

③read　文字を読むことにより得られる情報（いわゆる「読書」）

生活言語（話しことば）の獲得に最も大きく寄与するのは①で、学習言語の獲得に最も大きく寄与するのは②や③（学年進行に伴い③のほうが多くなる）であると思われます。

①に関して、聴覚障害児は、戦前と比べると、補聴器の進歩や早期教育により生活言語の獲得に成功した例が増えていることは確かでしょう。しかし、②についてはまだ困難をかかえている例が多いでしょう。「受聴明瞭度」の数値は、静かな環境下で得られた数値であって、騒がしい場所では数値は下がります。また、聾学校では、一般校と比べると集団の規模が小さいので、友達から得る刺激の量が少なくなったり範囲が狭まったりしているかもしれません。③について、「字幕やノートテイクがあれば大丈夫」と思う人がいるかもしれませんが、書かれた文の意味が理解できない生徒も見られます。「2種類の目薬の1つをさして、3分間あけて、もう1つをさす」という文を見て、3分間必

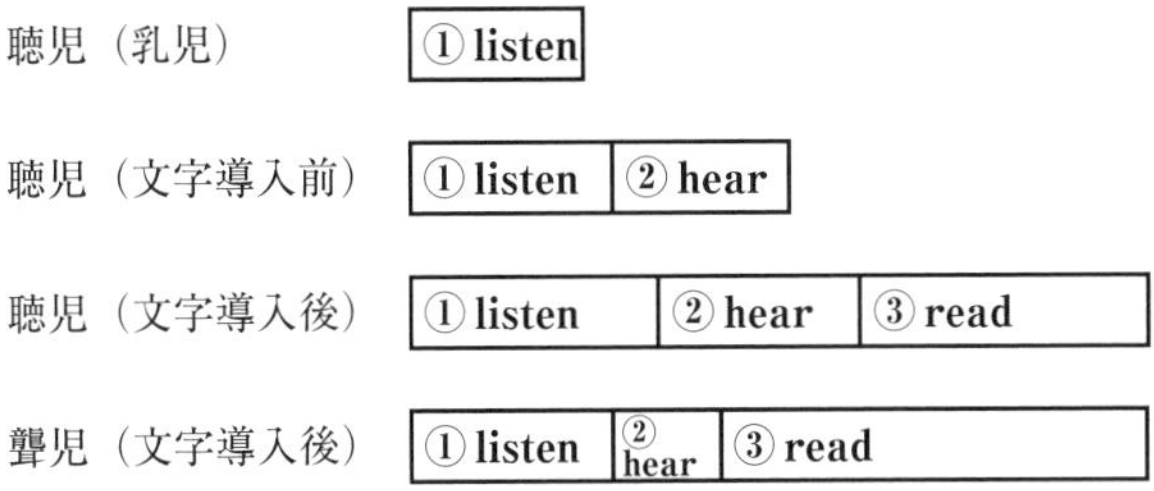

図6 情報量の確保

死で目を開け続けた話や、「塩分を控えてください」という文を見て塩を多く摂取した話も聞きます。

以上述べたことを、改めて図に表すと、図6のようになります。言語獲得期以前に失聴すると、①〜③の全てに影響を及ぼします。目も耳も使っても②のところで聴児並みの情報を得ることが難しい聴覚障害児は、聴児より早期に文字に親しむことや聴児以上の読書量が必要であると考えます。

聴覚障害児にとっての読書の大切さは従来から指摘されていますが、現実には、日本語（特に学習言語）を十分に理解できないと本に手が伸びないことが多いです。「学習言語が貧弱である→本に手が伸びない」、「本に手が伸びない→学習言語が貧弱になる」という堂々めぐりの現状が見られます。

今までも、聴覚障害児が高い学力（日本語の力）の獲得に成功する条件として、豊かなことばを絶えず子どもにかける両親、本人を除く家族どうしの会話が本人にも伝わるように留意・工夫する家庭、本を惜しみなく与える家庭などが指摘されてきましたが、それぞれ①、②、③の情報量の確保を意味していると言えるでしょう。

以上、情報の量の確保について考えましたが、質の確保も大切です。

例えば、満員のバスに乗るとき、母親が聴覚障害児に話しかけています。

母親Ａ「わー、人がいっぱいだね」

母親Ｂ「わー、人がいっぱいだね。混んでいるね」

母親Ｃ「わー、人がいっぱいだね。混んでいるね。満員だね」

母親Ｂは母親Ａより、また母親Ｃは母親Ｂより、豊かなことばをかけていると言えるでしょう。ただ、「人がいっぱい」の理解もまだあいまいな子どもには「混んでいる」「満員」と言っても意味は少ないので、適切なレベルのことばをかけることも大事でしょう。

「満員」ということばをいろいろな場面で使うことによって、子どもは「『満員』というのは、単に人数が多いだけでは使えないのだな。エレベーターに10人乗っていると満員と言えるが、体育館に30人いても満員と言えないのだな」と徐々に理解していくでしょう。「満員」という語がほとんど使われなかったら、意味は理解されにくいでしょう。

「バケツ、水、こぼれた」と子どもが言ったとき、大人が「バケツから水があふれたね」「水を少しこぼしたね」「バケツから水がもれているね」などと言語化することによって、子どもは「あふれる」「こぼす」「もれる」などの微妙な違いを感じ取っていくでしょう。

まとめると、「質の高いことばがけ」は、子どもにあったレベルの新規なことばを紹介する、同じ現象がいろいろな言い方で表せることを紹介する、いろいろな場で同じことばを使うことによってその語が使える場面を理解させる、精緻コード（不特定多数の人にわかりやすい言い方や複文）が多い、という条件を備えていると言えるでしょう。

4 口形を大切にした指導

附属聾学校に勤務する後藤まさ子氏は、「聞こえる人向けの話し方教室でも、はっきり話すための基本は『確実に、口の形を作りながら練習すること』と説かれている」「母音の指導には舌の位置も重要だが、一番基本となるのは口形である。実際には母音が十分身につかないまま、子音のために多くの時間が割かれることが多い」「口形や口の動きのはっきりした話し方ができると、自身の発音も明瞭になり、結果として読話で受け取っている友達とのコミュニケーションもスムーズになる」などと述べています[114]。

筆者は聞こえないので、発音の明瞭度と口形の明瞭性の間の相関関係を実感できませんが、ある聾学校を見学して、「手話が流ちょうな先生が多かったが、聴者に対するのと同じ口形の先生が多かったと感じた」と話すと、「本校では、口を読ませようと思っていない先生が多いと思う」と言われ、改めて口形の意義を考えさせられたことがあります。聴覚活用を大切に考えている附属聾学校でさえ口形を大切にした指導の必要性を述べていることの意味を、もっと深く考える必要があるのではないかと思います。

5 個人の認知特性を考慮に入れた指導

情報の量と質の確保を考えるとき、筆者は、子どもの認知特性を考慮に入れる必要もあると考えています。

（1）「継次的情報・同時的情報」を考慮に入れた指導

聴覚活用が十分にできない人に音声情報を与えても、本人には正確に届かないので、本人に届くように工夫する必要があります。一度に多くのみかんを袋に入れずに渡しても、手で持てる量には限りがあるので、多くを持たせるには袋や箱が必要であるのと同様に、本人が大量に保持できるよう工夫して情報を渡す必要があるでしょう。

継次的情報は、音声や手話のように現れては消える情報を意味し、同時的情報は、文字のように一度に与えられ、読み返すことが可能な情報、どこからでも読み始められる情報を意味するものとするとき、同じ量の継次的情報であっても、継次的情報の処理が得意な人と苦手な人とでは、脳に届く情報や頭に残る情報量に差異が生じるでしょう。

筆者も、自分は同時的情報に比べて継次的情報の処理が苦手なことを自覚しています。筆者の子どもが高熱を出して寝込み、「アクエリアス（スポーツドリンク）が飲みたい」と言ったので、外出していた家族に「アクエリアスを買って来て」とメールで頼もうと思いましたが、商品名を正確に覚えていなかったので再度尋ねました。子どもは指文字で表してくれましたが、それでも覚えられなかったので、また尋ね、「ア・ク→悪（あく）、エ・リ→エリという女の子、ア・ス→明日、悪い子エリの明日が心配、と覚えよう」と考え、携帯に無事に品名を打ちこむことができました。このように、覚えにくいときの工夫ができるかどうかで、記憶量に差が生じるだろうと思います。それで、筆者は、聾学校では覚え方のアドバイスもときには必要だと考えています。なお、筆者は、その後「アクエリアス」と実際に何回か口にすると、「悪／エリ／明日」と漢字を思い浮かべなくても言えるようになりました。

附属聾学校に勤務する木村和弘氏は、「吉野家」と「中川家」が読めなかった例を紹介し、聴覚障害を有する児童は、聴覚を活用しているとはいえ、文字に書かれたものが情報の大部分を占めていることから、漢字にふりがな（ルビ）をふることを勧めています[115]が、筆者も同感です。

（2）「視覚優位型・同時処理型」を考慮に入れた指導

最近、WISC―Ⅲという検査によって「聴覚優位型」と「視覚優位型」のどちらの傾向が強いか、K―ABCという検査によって、「継次処理型」と「同時処理型」のどちらの傾向が強いかを把握し、それを考慮に入れた指導の必要性が指摘されています。以下、仮に、「聴覚優位型」と「継次処理型」をA型、「視覚優位型」と「同時処理型」をB型としておきます。[116]聴者であっても検査の結果「視覚優位型」と出る人や、「話の内容は聞き取れるけど、視覚的情報のほうが処理・理解・記憶しやすい」

と言う人が見られるので、「聞こえるイコール聴覚優位型」ではないことに留意する必要があります。

聴覚障害児はB型が多いと言われていますが、B型の人は、まず全体に目が行き、全体の印象をぱっとつかむ傾向が顕著なので、「あらたに」を「あたらに」、「スクリーニング」を「スクーリング」とするというような音韻の入れ替えがよく起きます。筆者も、「もののけ姫」を見て「のけものにされている姫」というイメージを抱いたり、「焼きゃくろでもやせる」という文を見て「えっ、どこでも痩せるの?」と思い、あわてて文頭からていねいに読み直したりしたことがあります。また、視覚的に似ていると混同する傾向や、表意文字が表音文字よりイメージ・記憶しやすい傾向が顕著なので、「リスク」と「クスリ」を混同したり、ひらがなより漢字に対する反応が良かったりします。聴児・者でも「ヒマラヤ」と「ヒラヤマ」、「ひつまぶし」と「ひまつぶし」、「恋人」と「変人」を混同したりしますが、その傾向が聴覚障害児・者には顕著に現れます。特に、内容をよく知らない領域では、混同が起きやすいです。筆者も、ピアノに疎いので、「バイエル」と「バッハ」を混同して聞いたことがありました。また、覚えにくいことばをむりやり漢字に変換して覚えたり、カタカナが多い小説を敬遠したりしています。処理しにくい情報を処理しやすい形に変えて記憶するような工夫ができない場合、学力不振などの問題が現れる可能性が高まるでしょう。

A型の人には「音声や文章による説明、部分から全体へ、聴覚的なイメージによる記憶」が効果的であり、B型の人には「図や絵・記号による説明、直観に訴える教え方、全体から部分へ、脳裏に焼き付けることによる記憶」が効果的であると言われています。たとえて言うと、A型の作る家は「レンガの家」であり、B型の作る家は「先に枠組を作る家」と言えるでしょう。B型の生徒は、長文の処理が苦手であり、細部に着目して方略を選ぶ傾向が強いので、算数の文章題で「あわせて」とあれば全て「＋」を使うと決めこんだりします。それで、短文を効果的に組み合わせて説明したり長文の区切り方を教えたりする必要があるでしょう。ただし、長文の理解や使用も大切なので、理解が進んだら改めてきちんとした文章で押さえる必要もあるでしょう。

筆者は、認知特性を考慮に入れた指導の必要性について、「ウサギとカメ」を引用して話すことがよくあります。つまり、「ウサギとカメ」の話は、「油断せず、こつこつと努力し続けることの大切さ」を説いていますが、筆者としては、「ウサギには陸路を、カメには水路を用意してあげたい」と思います（次頁のイラストを参照）。すなわち「聴覚優位型には聴覚優位型に効果的な方法で教え、視覚優位型には視覚優位型に効果的な方法で教える」ようであってほしいです。

この認知特性を考慮に入れた指導については、詳しくは『聴覚障害』誌にまとめました[117]。筆者としては、A型は「相対参照」的な考え方や「虫の視点」から見た文章・内容のほうが扱いやすく、B型は「絶対参照」的な考え方や「鳥の視点」から見た文章・内容のほうが扱いやすい例が多いように感じます（次頁のイラストを参照）[118]。それで、算数の文章題の解き方について、筆者は、2通りの解き方を紹介して、好きな方法を選ばせるようにすることが多いです[119]。

聾学校では「生徒たちは、範囲が狭いとできるが、広くなるとできない」とよく聞きますが、これはB型の認知特性とも関係するように思います。「部分から全体へ」に対応できるA型は、説明を聞

「ウサギ　と　カメ」と学校教育

（聴覚優位型）（視覚優位型）

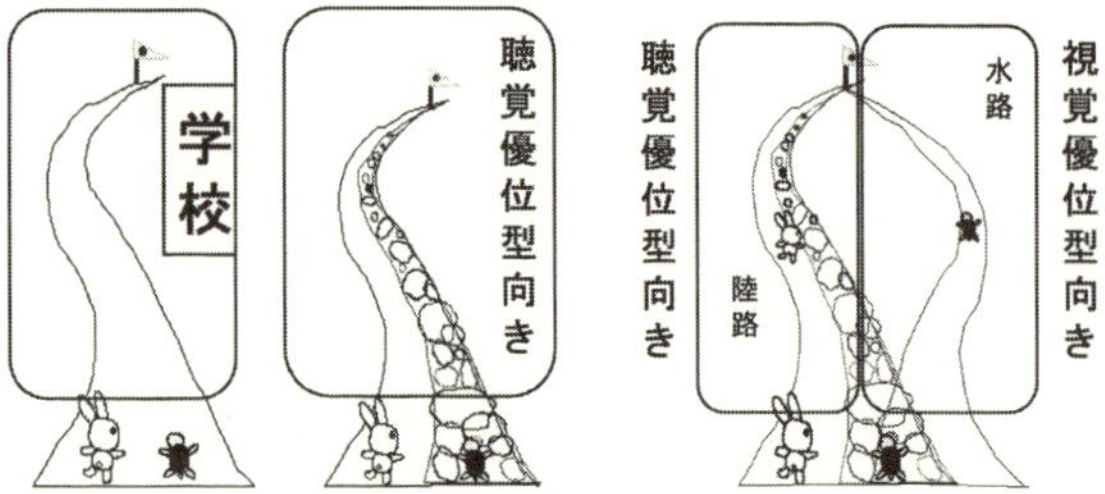

教訓； 「油断せず、 努力が大事」	実は、カメ には酷な コース。	→（認知特性を考慮に入れた教育）ウサギには陸路を、カメには水路を。

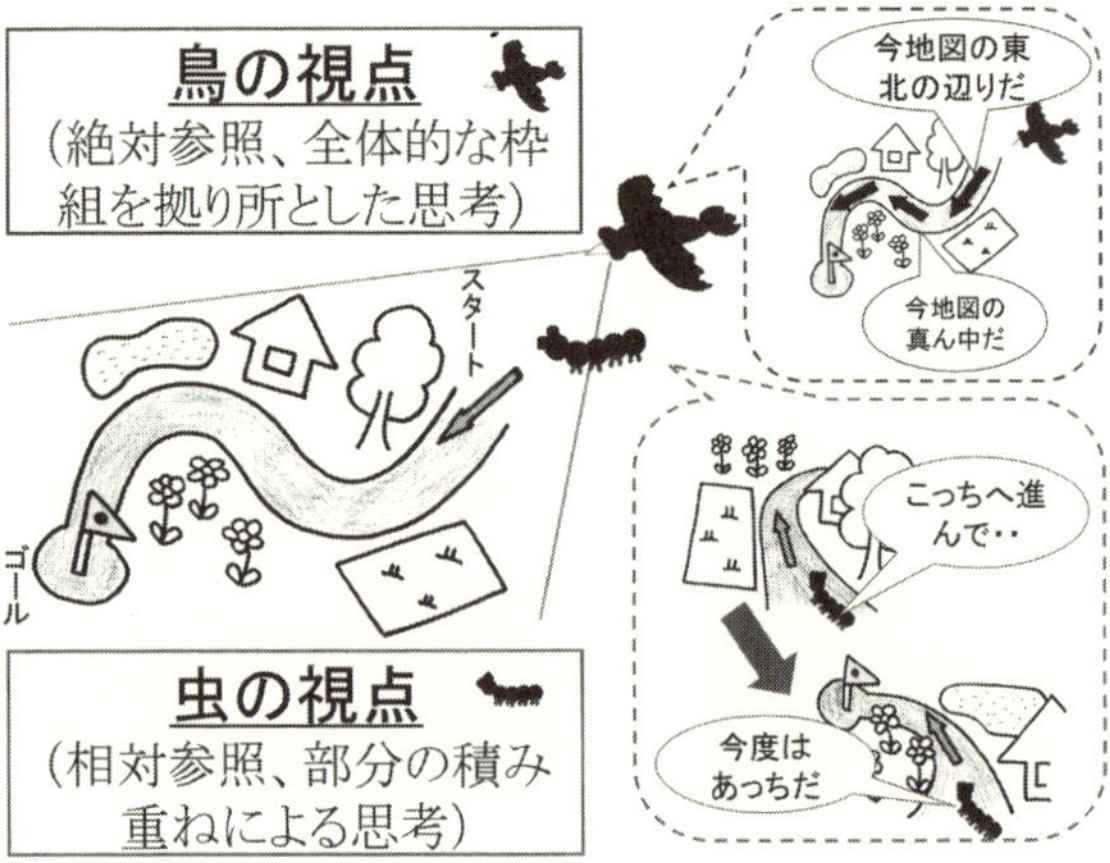

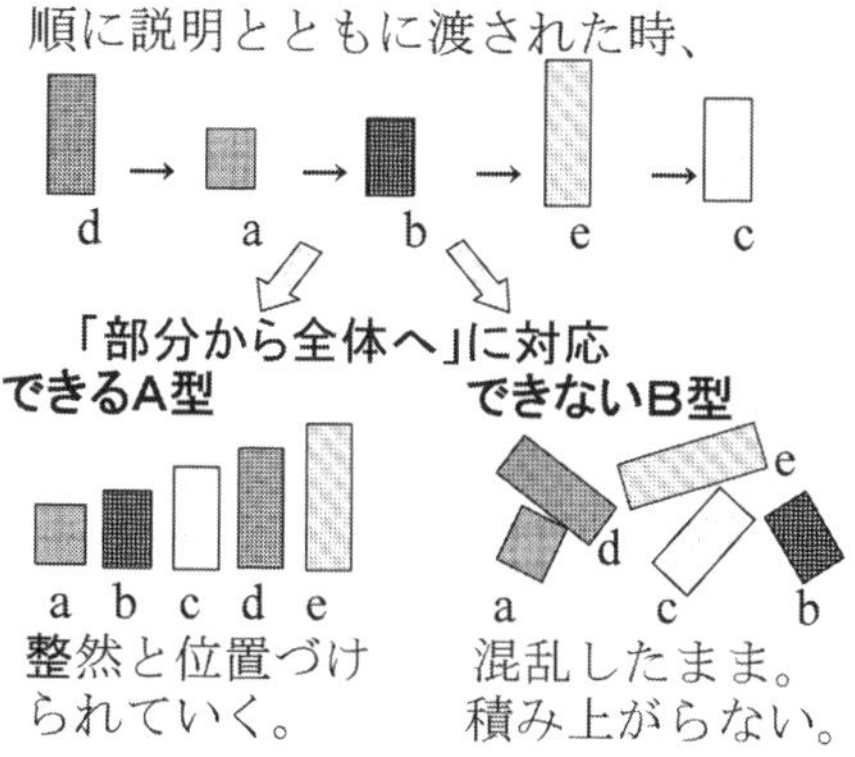

図７　認知特性による違い

いて「a、b、c……」の各板を適切に並べていけますが、「部分から全体へ」への対応が苦手なB型は、順番に説明されても各板はばらばらのまま手元に置かれてしまいます（図7を参照）。最初に「枠組み」がないと思考が積み上がりにくいのです。B型は、方法aを教わった後方法bを教わると、両者の使い分けが混乱するので、復習の積み重ねが大事だと思います。筆者は、通常の半分の時間で新しい内容を教え（「長いていねいな説明」は、B型にはときとして時間のわりに非効率的なものになります）、残りの半分の時間は「復習」にあてる感じで進めています。

（3）「間違ったイメージ」をもつ原因を分析した指導

聴覚障害児は、聴覚障害あるいは認知特性により、一般の聴児とは異なる「間違ったイメージ」を抱く場合があります。「音源が近づくと低く聞こえるような気がする」という筆者のイメージは、「高音部が聞こえにくい」という筆者の聞こえの状況に由来するものでしょう。

「分母」と「分子」について、どちらが上でどちらが下かが混乱する聴覚障害児が見られますが、それは、手話では身分関係や年齢の関係などを上下の使い分けで表すことと関連するかもしれません。しかし、筆者の場合は、「子どもをおんぶしている母親をイメージしたら良い」と説明されたので、混乱することはなかったように思います。聾学校では、子どもをおんぶしている母親の絵を示して説明すると良いでしょう。このように、イメージが混乱する場合は、その背景にある原因を分析し、それに対する手立てを講じたいものです。

また、聴覚障害児には「目に見えること」や「具体物」「結果」にとらわれた解釈や思考が目立ちます[120]が、これも視覚優位型という認知特性と関係があるかもしれません。

(4)「音声方略」「手話方略」などのどれが効果的かを考えた指導

聾学校では、九九の指導の難しさがよく指摘されますが、着任当時の筆者も九九の読み方の一部を忘れてしまっていました。そこで、京都聾学校高等部で九九の読み方を覚えているかを調べたところ、受聴明瞭度が一定以上ある生徒はよく覚えていましたが、そうでない生徒はまちまちでした[121]。また、長文を記憶するとき、声を出して覚える「音声方略」、手話をつけて読んで覚える「手話方略」などが考えられ、受聴明瞭度が一定以上ある生徒は「音声方略」が効果的でしたが、そうでない生徒はまちまちでした。また、両親が聾であるかどうか、聾学校育ちであるかどうかの要因との関連はほとんど見出されませんでした[122]。したがって、聴覚活用が一定できる生徒は、それを生かした指導も必要でしょう。その一方で、聴児であっても、耳だけで覚えるより、視覚的な手がかりも添えたほうが記憶しやすい例も多いことを考慮に入れた指導も必要でしょう。

6 個人の状況を考慮に入れた指導

家庭での言語環境や家庭学習習慣の大切さを認めない人はいないでしょうが、現実には、子どもにていねいに関われない家庭や家庭学習習慣のない子どもが見られます。それを嘆くのは簡単ですが、聾学校としては、そのような個々の状況をカバーするような働きかけも必要でしょう。具体的には、家庭学習習慣の確立に向けての働きかけと同時に、それを考慮に入れた年間指導計画の作成や授業の構成が必要でしょう。

付章 「9歳の壁」に関する追記

「9歳の壁」について、特効薬はないとしながらも、「生活言語の量と質の確保」「学習言語への移行のための下地作り」「『考える力』の育成」の3つに重点を置いて、家庭と学校（保育園や幼稚園を含む）で子どもに関わる必要性を述べてきました。筆者としては、コミュニケーション手段（口話か手話か、人工内耳を装用するか否かなど）よりも家庭での言語環境（特に保護者の聴覚障害児への関わり方）が、その後の聴覚障害児の育ちに大きな影響を及ぼしているように感じます。

最後に、筆者としては、以下のことを追加して述べたいと思います。

1 「学校教育」の実質的な量や質について

「9歳の壁」を越えさせるためには、子どもへの関わり方の他に、学校としての態勢も重要です。

京都聾学校高等部で長年教務部としての仕事に関わってきた中で気になることの1つが、一般校と比べて「実質的な授業実施数（率）」はどうかということです。「実質的な授業実施数」ということばにこめている意味は、以下の通りです。

①公的な授業日数、授業実施数に関して

②実質的な授業実施数に関して（一般校では、土曜日や日曜日、長期休業中に模擬試験や補習学習を行っているところが多いが、これらは通常公的な授業実施数に含まれない）

③教科の単位数に関して（聾学校では自立活動があるので、それを除いた教科の単位数は、一般校の平均より少なくなっている場合が多いのではないか）

④実質的な教科学習の時間に関して（日本語の力に課題がある生徒が多い聾学校では、単語の意味や動詞の活用の説明といった「語・文法の説明」、指文字で表した後、手話を使って説明したり平易な文章に直したりするといった「言い直し」が多い。また、授業内容が学習発表会などの行事の影響を受けることがあるが、これらの影響を除外した「実質的な教科学習」の時間が短くなっていないか）

⑤教科書単元の履修率に関して（聾学校では、教科書を実質的に使用しない・できないことや取り上げる単元が少ない場合が多い。また、「教科書を全部終える」必要性の有無によって、授業のスピードや密度に違いが出てくる可能性も考えられる）

①〜④は授業の量、④と⑤は授業の質に関わると言えるでしょう。

筆者は、聾学校で「あの子たちは5教科の授業時数を多くしても学力は変わらない」などと聞いて憤慨したことがあります。一般校では、その年度中に教科書を全て終える必要があるのに対して、聾学校では、良く言えば生徒の実態に合わせて、悪く言えば必要以上に時間をかけて授業を進めることができます。聾学校では「一般校に準ずる教育」を行うことになっており、「特別支援学校」の枠で合格した教員と「一般校（小・中・高）」の枠で合格した教員の間に「差」があるという話をよく聞くので、筆者としては、どちらかと言えば「特別支援学校の枠での合格者」より「一般教科の枠での合格者」の配置を願っています。あるいは「一般校に準ずる教育」を行う学級に対して後者の教員を配置し、そうでない学級に対して前者の教員を配置する方法も考えられます。また、「特別支援学校の枠」で採用された教員全員が聴覚障害教育や手話に詳しいとは限らないので、聾学校に着任した教員の「現職教員研修の充実」が大切であると考えます。

聾学校では「一般校に準ずる教育」を追求する必要があると述べましたが、「この生徒は、むりやり先へ進もうとするより、横への拡がりや生活の中で使える力を育てるほうが大切ではないか」と感じる場合があることも事実です。「上へ進むこと」と「横へ広げること」のどちらが大切で効果的かを見極めながら指導する必要があるでしょう。

2 「9歳の壁」と社会性の関連にこだわらないこと

「『思い込みが激しい人』がいるが、それは言語力と関係があると感じている」と聞いたことがありますが、筆者もそのような傾向があることを感じています。ですが、「この問題ができれば『9歳の壁』を越えている、できなければ越えていない」と単純に判断することは慎むべきでしょう。特に、社会面や心理面での判断は要注意です。

例えば、1章で「9歳の壁」を越えていない生徒に多い傾向として「相手にどう思われているかを考える力が弱い」などと述べましたが、実際には、大学まで進み、社会人となった人であっても、自分が言われると嫌なことを他者に対して言ったり、先輩のアドバイスが聞けずにふくれたり、矛盾した言動をとって不信感をもたれたりして、同僚と人間関係が上手に結べない人がいます。逆に、学力を見ると「9歳の壁」を越えていないと思われる人でも、「わからないことや心配なこと、不愉快なことがあったら誰かに相談しよう」「『ありがとう』『すみません』をきちんと言おう」「感情をすぐに顔に出さないようにしよう」などのアドバイスを聞ける人は、周囲の人と良好な人間関係を築きやすいでしょう。

3 「(本来的)能力」と「スキル」について

「(本来的)能力」と「スキル」は異なります。前者は、特に指導されたり練習したりしなくてもできるようになったり無意識のうちにできたりすることと関連し、後者は、指導や練習の結果できるようになったり意識的に行うことでできたりすることと関連します。実際は、最初は意識的に心がけることでできたことでも、それを重ねると無意識のうちにできるようになることも多いです。「この子は、理解力や応用力は弱いが、家庭学習の積み重ねにより高得点が取れている」と感じる生徒、逆に「この子は、家庭学習をほとんどしないが、すぐれた直観や理解力によって高得点を取っている」と感じる生徒が見られます。どちらかと言えば、数学は国語などと比べると、「スキル（公式）」を授けることによってどんどん上の学年の内容に進むことが可能な教科だと感じます。

そして、同じ両親から生まれた兄弟姉妹でも「（本来的）能力」に違いがあると感じることがありますが、その違いは何によって決まるのだろうかと今でも思います。

4 「9歳の壁」を越えられていない生徒に対する手立て

「9歳の壁」を順調に越えている生徒であれば、算数・数学の文章題は（少しの説明だけで）解けるようになります。けれども、聾学校の中学部や高等部では、小学校高学年の算数の文章題が解けない例が多く見られます。筆者は、小学校高学年の教科書を使わないまま中学部に入学した生徒を担当したとき、小数や分数、正負の数、文字式、1次方程式の計算（小学校・中学校の計算問題）を進め、それから小学校の算数の文章題を取り上げました。生徒たちは、最初「AはBより5多い。Bが20のとき、Aは？」のような問題が解けず、「この『より』や『～倍』が出てくる文章題は嫌いだ」と言っていましたが、日本語の理解があいまいでも解けるテクニックを授けたところ、「これなら解ける」

とうれしそうな顔をしていました。文章を読み、内容をイメージして式や図を作る力も大切なので、小学校高学年ぐらいまではその力を伸ばすように努める必要がありますが、それを過ぎた年齢では、それにこだわって自信を失わせるよりは、機械的な方法であっても「これなら解ける」と自信をもってほしいと思います。いわば「9歳の壁」を越えさせる取り組みや指導と「9歳の壁」を越えられなかった生徒に対する別の手立ての2本立てが必要だと考えています。[123] 実際には「2本立て」を準備することが難しい領域も多いのですが。

5 「定型発達」にこだわらないこと ―発達の可塑性―

最近、「定型発達児」という語を目にするようになりましたが、これは障害のない子どもたちの呼称であるようです。筆者としては、「定型発達」という語には「本来この筋道をたどって発達するもの」というイメージがつきまとっているように感じます。

通常の子どもは、話せるようになってからひらがなを獲得しますが、筆者は、発音する前に口形記号やキュー、ひらがなによって日本語を獲得しました。発音が不十分であっても本人が区別して話しているつもりであれば、それで良いと思います。

4歳頃にできるという「心の理論」の問題ができなかった自閉症スペクトラム児が、言語性知能検査の結果9、10歳を越えると「心の理論」の問題に正答できるようになったという報告があります。

京都聾学校高等部で同一生徒に小学校高学年用と中学校用の読書力診断検査を実施すると、前者で小5～小6レベル、後者で中1～中3レベルと出る例が多く見られており、漢字（表意文字）の存在が絡んでいる可能性を考えていると先述しましたが、「経験の積み重ねによる問題解決能力の向上」もあるのではないかと考えています。[124]

脳の中で成長にしたがって配線が作られ、地図が整えられていきますが、脳に障害を受けると、その後のリハビリによって、脳の中の配線や地図が変えられていきます。これが「脳の可塑性」です。これと同様に、「発達の可塑性」も考えられます。「A歳頃」にならないとクリアできない問題を「A歳問題」と称するとすると、「定型発達児」は「……8歳問題、9歳問題、10歳問題……」を順番にクリアしていきますが、障害児は、周囲の働きかけによって例えば「13歳問題」をクリアしてから「9歳問題」をクリアできるという可能性が考えられます。「学習言語」が絡む問題について、問題を解く場数を踏むことで解けたり、漢字などの表意文字の力を借りて推測して解けたりする場合もあるように思います。

それで、今後、「定型発達児」のたどる発達の筋道の解明とともに、それぞれの障害の特性に応じた効果的な「バイパス」の作り方や「リハビリ」の仕方に関する研究も求められると考えます。そのためにも、認知特性に応じた効果的な指導方法や指導の順番、教材作成に関する研究が求められるでしょう。このような意味で、「9歳の壁」を過大視も過小視もしないでほしいと思います。

6 「9歳の壁」と「親離れ・子離れ」

筆者は今までも、聴覚障害児をもつ保護者に対して、「9歳の壁」というものがあるので、日常会話がかなりスムーズにできる（生活言語の世界の中でうまくやれている）からもう大丈夫などと思わずに、「9歳の壁」をスムーズに越えられるかにまで気を配ってほしいというようなことを、機会あるたびに述べてきました。その一方で、「9、10歳」あたりの年齢まで目を離さないでほしいとお願いすることは、結果的に「親離れ・子離れ」ができない例を増やさないかという懸念も抱いています。それで、「『9歳の壁』もどうやら無事に越えられたようだ」と思ったら、今度はすみやかに「子どもの自立（親離れ・子離れ）」を意識的に追求してほしいと思います。先述したように、狭い意味での学力や日本語の力の面で聴者並みであっても、社会性などの面でつまずきをもっている例が、聴覚障害児・者には多いような印象を筆者は抱いているからです。そして、その「つまずき」は、学校より職場で露呈することが多いと感じているからです。

7 坂本多朗氏の本より

聾学校の学力を追求している坂本多朗氏が『永年聾学校にいた者からの「ほんのひとこと」』[125]の中で述べている「授業改善の視点や方法」は大変詳しいものであり、筆者としては頭を垂れるばかりです。

坂本氏は、「9歳の壁」の克服の方向性として、①「言語指導と教科指導の連携」、すなわち「ことばを指導しながらそのことばで考えたり、自分の心に溢れんばかりの感情を吐露したりする活動を多く取り入れる努力」、②「直接経験を主体にした学習より間接経験を主体にした学習へのスムーズな移行」を図ること、すなわち「類推力や想像力を総動員して理解をはかる」こと、③「ことばを使って対話をしたりものごとを論理的に考えたりする指導をもっと重要視し学習に取り入れる」こと、④「子どもが自分の力で教科書と取り組めるような子どもに合った教材」を準備すること、⑤「親子の車間距離を適切にとる」こと、⑥「集団の中での切磋琢磨や対人関係の諸能力の錬磨」を十分にすること、⑦適切な教科指導、⑧「家庭の協力」の必要性などを指摘しています。この①や②、③は、6章で述べた「ネットワークの充実・拡大」や「考える力」と関連するでしょう。④は教材と、⑥は集団の確保と、⑤と⑧は本章❻節の「親離れ・子離れ」と関連するでしょう。附属聾学校が「わたりの指導」や「場を離れた話し合い活動」を重視した教育活動を展開しているのもうなずけるところです。

❽ 「14、15歳の壁」について

ことばは、矛盾を明るみに出したり隠蔽したりします。ことばのやりとりを通して自己や他人、社会に対する洞察を深め、社会の矛盾や不合理について考えられるようになります。

筆者は、「9歳の壁」の次に「14、15歳の壁」とでもいう壁があるのではないかと考えています。

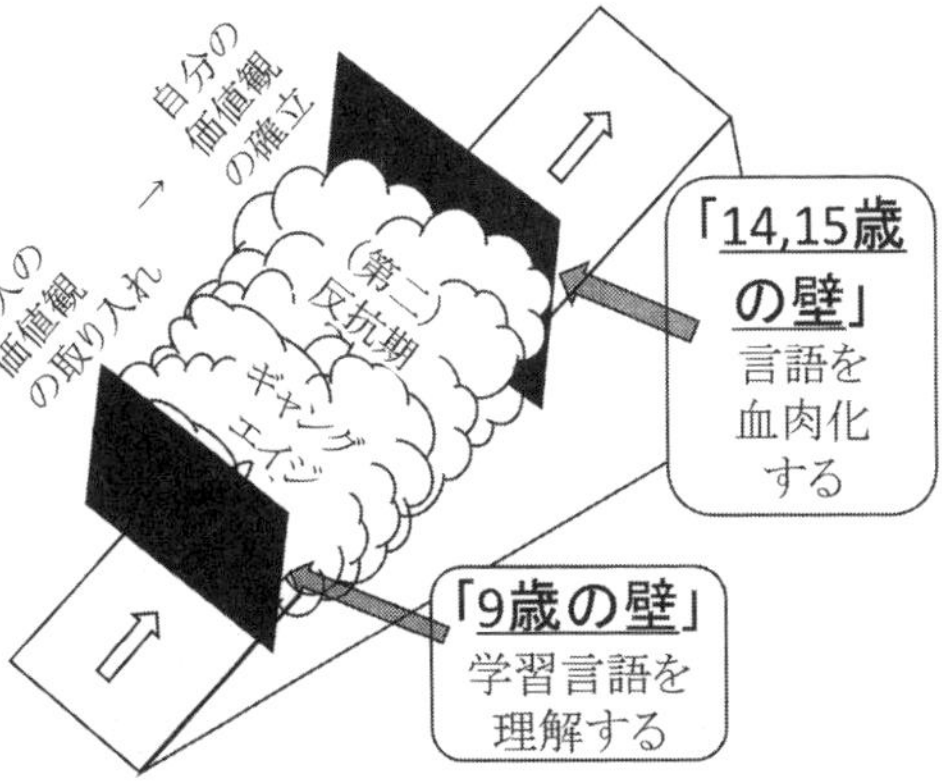

つまり、前者は、学習言語や抽象概念の理解・獲得と密接に関連します。そして、後者は、獲得した言語や概念を十分に自分のものとし、周囲や社会を変革する道具たらしめることと密接に関連します。あるいは、9歳から14、15歳にかけての時期自体を1つの「大きな壁」ないし「苦難の道」として考えてよいかもしれません（イラストを参照）。つまり、教えられたことを理解するだけでなく、「待てよ、これはおかしくないかな」と再吟味・再検討する力や、問題点や矛盾をあぶりだし、異議申し立てできる力が、「14、15歳の壁」と関係するように思います。

「9、10歳」という時期は、「ギャングエイジ」が始まる時期です。この時期において、家族より仲間の価値観を優先させ、仲間の中での掟を重視します。また、「(第二)反抗期」は9、10歳頃から始まり、中学校卒業の頃まで続きます。親や教師を含む大人や既成の価値体系を激しく否定・拒絶したり、感情的・破壊的な行動が目立ったりする時期ですが、人格の発達上大切な時期です。反抗期がないまま大人になることの問題点も指摘されています。真の自我や自分の価値観を確立し、他者に支配されない自立した人間として生きていくために、それまで無条件的に受け入れてきた知識や価値観をいったん疑い、本当に自分の知識や価値観として再確立させる過程が大切でしょう。

抽象概念や学習言語を自分の血肉とし、ことばを思考や変革の道具たらしめるために、小学校高学年や中学校という時期に学校や家庭でできる取り組みの内容については、それだけで十分に1冊の本ができるでしょう。筆者は、これは「14、15歳の壁」と密接に関連すると考えており、「『9歳の壁』を越えるために―生活言語から学習言語への移行を考える―」というタイトルの本書では、（筆者の力量不足もあり）詳述できませんでした。

聴覚障害児の場合、聴覚障害者の価値観と聴者の価値観を調和させて取り込むことが大きな課題となります。独りよがりの障害認識や狭い価値観ではなく、聴覚障害者と聴者の存在の両方を考慮に入れた障害認識や広い価値観を確立させるためには、同じ聴覚障害児・者との出会い（集団）と、聴者との実質的な深い交流（せめぎ合いを含む）が必要ではないかと感じます。それで、「14、15歳の壁」を乗り越えさせるためには、「集団」の意味がさらに問われるように思います。

あとがき

自分の子どもや担当した生徒を上手に育てたかと言われたら忸怩たるものがたくさんあること、聾学校の幼稚部や小学部、一般の小学校で教えた経験がないことから、今回、「9歳の壁」というテーマで書いて良いのかというためらいは、本書を執筆し終えた現在も消えていません。

ですが、拙著『聴覚障害教育　これまでとこれから』に記した「9歳の壁」に関する内容をふくらませてまとめることによって、生活言語と学習言語の異質性や「9歳の壁」を考慮に入れながら指導される方々、「一言語」と「二言語」の違いや「音声言語の二言語」と「日本語と手話の二言語」の違いについて深く考える方々が増えることを願っています。そして、国語科や算数・数学科、一般の小学校におけるすぐれた実践をまとめた本が、現場の教員から次々と出版されることを願っています。特に、人工内耳や補聴器の装用によって生活言語の獲得がかなり進んでいるのを見て安心し、気がついたら学習言語の獲得のところでつまずいていたという例が少しでも減ることを願っています。

筑波技術大学学長をされた大沼直紀先生は、日本教育オーディオロジー研究会の会長日誌（2012年6月7日）のところで、医療関係者と教育関係者の間の隔たりを指摘されていますが、その原因の1つとして、補聴器や人工内耳を装用してもうまくいかない例を「想定外」のこととするか「想定内」のこととするかの違いがあるのだろうかと思いました。筆者としては、補聴器や人工内耳を装用しても「9歳の壁」を越えられない例に対して、「ちゃんとフィッティング・マッピングをしたらもっとできているはず」「本人や親がちゃんとやっていたらもっとできているはず」などと言わば「想定外」のこととするのではなく、それも「想定内」のこととして手立てを講じる必要性を感じています。さらに言うと、聴覚活用を重視する人々と手話を重視する人々の間の隔たりも痛感しており、「聴覚口話法」と「手話法」の間で激しく揺れ動く現象が続くことを悲しく思います。この2つを包括した聴覚障害教育を、教育関係者や医療関係者、聴覚障害者たちで作り上げようとする雰囲気の到来を願っており、そのためのキーワードに「9歳の壁」や「学習言語」を含めてほしいと思います。さらに言うと、今後さらに人工内耳や内耳再生治療が進んで、「9歳の壁」を越える例がほとんどになったとしても、手話に愛着をもつ人がいるならばそれも尊重してほしい、聾学校でこれまで培われてきた「視覚優位型の子どもに対する言語指導や教科指導のノウハウ」が失われることはあってほしくない、「9歳の壁」を越えることは重要な目標だが、それだけを絶対視しないでほしい、と願っています。

本書に掲載されているイラストを描いてくださった京都精華大学学生の末次佳純《かすみ》さん、仲介の労をとってくださった京都精華大学障がい学生支援室の磯垣節子さん、本書出版にあたってお世話になった北大路書房の編集部の方々に、厚くお礼を申し上げます。

2013年3月

脇中起余子

脇中起余子の著作集

よく似た日本語とその手話表現　第1巻・第2巻
日本語の指導と手話の活用に思いをめぐらせて

本体各 2000 円＋税

雨が「ふりそう」と「ふるそう」。よく似ているが微妙に意味の異なる日本語とその手話。

からだに関わる日本語とその手話表現　第1巻・第2巻

本体各 2300 円＋税

「目が高い」「口に合う」など，からだの各部位の名称を用いた日本語の手話表現。

聴覚障害教育 これまでとこれから
コミュニケーション論争・9歳の壁・障害認識を中心に

本体 2300 円＋税

「口話法」と「手話法」を同時に視野に入れた聴覚障害教育の必要性を説く。

助詞の使い分けとその手話表現　第1巻
格助詞を中心に

本体 2300 円＋税

「電車が遅れる／電車に遅れる」「花子に話す／花子と話す」……。

助詞の使い分けとその手話表現　第2巻
副助詞・接続助詞＋接続詞を中心に

本体 2300 円＋税

「パン【も】買った／返事【も】しない」「勉強した【が】…／野球もする【が】…」……。

「9歳の壁」を越えるために

—生活言語から学習言語への移行を考える—

2013年4月20日　初版第1刷発行
2024年10月20日　初版第4刷発行

定価はカバーに表示してあります。

著　者　脇中起余子

発行所　(株)北大路書房

〒603-8303　京都市北区紫野十二坊町12-8
電　話　(075) 431-0361(代)
F A X　(075) 431-9393
振　替　01050-4-2083

印刷／製本　モリモト印刷(株)

検印省略　落丁・乱丁はお取り替えいたします。
ISBN978-4-7628-2803-4　Printed in Japan

●著者紹介＊＊＊＊＊＊＊＊＊＊＊＊＊＊＊＊＊＊＊＊＊＊＊＊＊＊＊＊＊＊＊

脇中起余子（わきなか・きよこ）
新生児の時に，薬の副作用で失聴
京都大学大学院教育学研究科博士後期課程中退
龍谷大学大学院文学研究科博士後期課程修了
京都府立聾学校教諭を務めたあと，筑波技術大学に着任

主著・論文

K聾学校高等部における養護・訓練の時間の指導内容と手話に対する考え方の変遷　特殊教育学研究，35（5），Pp.9-16，1998年
認知と言語　中野善達・吉野公喜（編）　聴覚障害の心理　田研出版，Pp.65-79，1999年
手話で数学を指導する―教科指導の実際と課題　手話コミュニケーション研究，No.41，32-39，2001年
K聾学校高等部における九九に関する調査から―九九の読み方をどれぐらい覚えているかを中心に　ろう教育科学，44（1），Pp.37-46，2002年
聴覚障害者本人および親の意識調査（1）―「京都難聴児親の会」親と本人に対するアンケートから　ろう教育科学，44（2），Pp.55-72，2002年
聴覚障害者本人および親の意識調査（2）―障害の呼称の違いによる意識の違いを中心に　ろう教育科学，44（3），Pp.115-128，2002年
K聾学校高等部生徒の記憶方略に関する一考察―「音声方略」と「手話口形方略」のどちらが有効か　ろう教育科学，45（2），Pp.53-70，2003年
聾教育の課題と展望―コミュニケーション論争を中心に　発達，102号（4月号），Pp.70-76，2005年
K聾学校高等部の算数・数学における「9歳の壁」とその克服の方向性―手話と日本語の関係をどう考えるか（龍谷大学博士論文，未発表），2005年
よく似た日本語とその手話表現―日本語の指導と手話の活用に思いをめぐらせて　第1巻・第2巻　北大路書房，2007年
からだに関わる日本語とその手話表現　第1巻・第2巻　北大路書房，2008年
聴覚障害教育 これまでとこれから―コミュニケーション論争・9歳の壁・障害認識を中心に　北大路書房，2009年
助詞の使い分けとその手話表現―格助詞を中心に　北大路書房，2012年
「視覚優位型・同時処理型」の生徒に対する指導について―算数・数学の授業における試み　聴覚障害，734（2012年5月号），Pp.4-11
助詞の使い分けとその手話表現―副助詞・接続助詞＋接続詞を中心に　北大路書房，2012年
日本におけるキューについて（2）―京都府立聾学校におけるキューの歴史　ろう教育科学会誌，60（1），Pp.25-49，2018年
小説『ろう教育論争殺人事件』　北大路書房，2018年

補注・文献

1　萩原浅五郎　1964　巻頭言「ろう教育」7月号　ろう教育研究会
2　京都府立聾学校　1953　創立七十五周年記念研究紀要
3　京都府立聾学校高等部　1964　高等部標準学力検査結果の報告　京都府立聾学校研究紀要，**3**，29-37.
4　岡本稲丸　1997　近代盲聾教育の成立と発展　古河太四郎の生涯から　NHK出版
5　現在のアメリカにおける「9歳の壁」現象を指摘しているものとして，以下の文献などがある。

Paul, V. P.　2003　Processes and Components of Reading. In M. Marshark & P. E. Spencer(eds.), *Deaf Studies, Language, and Education*. Oxford: Oxford University Press. Pp.97-109.
Karchmer, M. A. & Mitchell, R. E.　2003　Demographic and Achievement Characteristics of Deaf and Hard-of-Hearing Students. In M. Marshark & P. E. Spencer(eds.), *Deaf Studies, Language, and Education*. Oxford: Oxford University Press. Pp.21-37.

6　最近のデータとしては，以下の文献が掲げられる。

長南浩人・澤隆史　2007　読書力診断検査に見られる聾学校生徒の読書力の発達　ろう教育科学，**49**（1），1-10.

なお，筆者は，小学校高学年用と中学校用の検査を同一の生徒に実施すると，前者で「小5～小6レベル」，後者で「中1～中3レベル」と出る例を相当数見出しているので，1つの検査だけで「この子は何年生レベル」と決めつけることには慎重であるべきであろう。補注84も参照されたい。

7　坂本多朗　2009　永年聾学校にいた者からの『ほんのひとこと』〈聾学校における授業改善の視点と方法〉　聾教育研究会
8　岡本夏木　1985　ことばと発達　岩波新書
9　馬場顕　1999　9歳の壁　聴覚障害，**54**（4），29.

10　筆者は，「nine years' wall」という語やそれに類似した語を見たことがなく，「plateau（プラトー，高原や停滞状況を意味する）」が最も「9歳の壁」に近い語であるように感じた。Paul（2003，補注5を参照）は「plateau（学習の停滞状態）」や「leveling off（横ばい状態）」という語を用いているが，外国の聾教育に詳しい研究者に尋ねてみたところ，アメリカでは「9際の壁」に該当する用語は見られないようである。

11　聴児並みの学力の獲得を聴覚障害児に求める度合いや雰囲気が国によって異なることがうかがえる文献として，以下のようなものがある。

Paul, V. P.　1999　First-and Second-Language English Literacy.　聴覚障害，**54**（7），4-9.
都築繁幸　1997　聴覚障害教育コミュニケーション論争史　御茶の水書房

12　筆者が2005年にまとめた博士論文の中で，日本の「Yahoo」で「歳（才）の壁」や「歳（才）の峠」「歳（才）レベルの峠」という語で検索した結果，「9歳の壁」という用語が最も多くヒットし，次いで「9才の壁」であったこと，「～

の峠」や「10歳（才）の壁」はわずかしかヒットしなかったことが記されている。本書執筆にあたって改めてインターネットで検索してみると、「10歳の壁」は「9歳の壁」と同じぐらいヒットしており、その様変わりに驚かされた。

13　NHKエデュケーショナル教育部は、その後2010年に『「10歳の壁」プロジェクト報告書』を作成している。

14　渡辺弥生　2011　子どもの「10歳の壁」とは何か？　乗りこえるための発達心理学　光文社新書

15　加藤直樹　1986　一人前への飛躍の節目　子どものしあわせ編集部（編）　子どもはどこでつまずくか―9、10歳は飛躍台　草土文化　Pp.26-32.

16　森原都　1989　学童期の発達―9～10歳頃の質的転換期の発達と教育　第4回はったつ講座　全国障害者問題研究会三重支部講演記録集（http://www4.ocn.ne.jp/~yama-kei/3syouken/kouen/morihara.htm）

17　文章題の難しさについては、いろいろなところで指摘した（脇中起余子　1998a　聾学校高等部生徒における算数文章題の困難点に関する研究　特殊教育学研究, **35**（5), 17-23. など）。なお、手話をつけて文章題を読ませると、正答率が上昇した例も見られる（脇中起余子　1998b　手話表現の仕方による算数文章題の正答率の違いについて　聴覚障害, **53**（7), 10-14.）。

18　脇中起余子　2000　K聾学校生徒は分数や文字式をどのように理解しているか―答に対する自信度や数学に関する意識調査とあわせて　ろう教育科学, **42**（3), 121-144.

19　脇中起余子　1999b　聴覚障害生徒にとっての内包量と比例関係の理解に関する一考察―速度に関する問題を中心に　ろう教育科学, **41**（3), 115-140.

なお、聴児の場合は、速度概念が濃度概念より先に獲得されるという先行研究があるが、聴覚障害児の場合は逆の傾向が見られた（脇中起余子　2003a　K聾学校高等部生徒における速度と濃度の理解に関する一考察―聴覚障害生徒の問題解決過程における困難点を探るために　龍谷大学教育学会紀要, **2**, 15-29.）。

20　京都府立聾学校高等部　1999　今年度入学生のコミュニケーションに関する実態とその変化　京都府立聾学校研究紀要, **30**（平成9･10年度合併号), 80-96.

なお、「言語間に優劣関係はない」ことを認められることは、「9歳の壁」というよりはその後の「14､15歳の壁」と関連するかもしれない（付章❽節を参照）。

21　苅谷剛彦　2001　階層化日本と教育危機―不平等再生産から意欲格差社会へ　有信堂

22　外川正明　2002　教育不平等　同和教育から問う「教育改革」　解放出版社

23　天野清・黒須俊夫　1992　小学生の国語・算数の学力　秋山書店

24　苅谷剛彦・志水宏吉・清水睦美・諸田裕子　2002　「学力低下」の実態　岩波ブックレットNo.578　岩波書店

25　國末和也・藤本裕人・須藤正彦　2012　聴覚障害児の学習習熟度―標準学力検査（CRT-Ⅱ）の結果から　テクノエイド協会　聴覚障害児の日本語言語発達のために―ALADJINのすすめ　Pp.184-195.

26　箕浦康子　1984　子供の異文化体験―人格形成過程の心理人類学的研究　思

索社

27 「心の理論」の問題として、「サリーとアン課題」や「スマーティ課題」が有名である。「サリーとアン課題」は、「サリーとアンが一緒に遊んでいて、サリーはボールをかごに入れて出て行き、アンはそのボールを箱に移した。部屋に戻ってきたサリーは、ボールを取り出そうと思ったが、最初にどこを探すか」という問題であり、「心の理論」の発達が遅れている子どもは「かご」ではなく「箱」と答えるという。

28 自閉症スペクトラムの子どもたちは、「心の理論」の問題に正答できない場合が多いが、アスペルガー障害の子どもたちは、時期的には多少遅れ、一般の子どもたちとは異なる方法であるものの、獲得そのものはしていくという解釈もなされているようである。自閉症における9、10歳の質的転換については、いろいろな研究が見られるので、それらを参照されたい。

29 脇中起余子　2005　K聾学校高等部の算数・数学における「9歳の壁」とその克服の方向性―手話と日本語の関係をどう考えるか　龍谷大学博士論文（未発表）

30 例えば、京都聾学校高等部で、正方形を図示して「これは正方形と言えるか？」「これは長方形と言えるか？」（答えはいずれも「言える」）と尋ねたときの正答率はそれぞれ93％、11％であった（脇中起余子　2001　聴覚障害生徒の認知と論理―4種の命題の真偽判断や図形認知の問題などを通して　ろう教育科学，**43**（3），125-140.）

31 松尾吉知　1995　日常の論理の様相　日本数学教育学会（編）数学学習の理論化へむけて　産業図書　Pp.58-68.

32 計算テストの結果によってH群（上位群）とL群（下位群）に分け、4種の命題の真偽判断の問題（あてずっぽうに答えたときの正答率は50％になることに留意されたい）を出したところ、①「裏命題」と「逆命題」をこみにした正答率は、H群が34％、L群が6％であったが、②「本命題」と「対偶命題」をこみにした正答率はH群が61％、L群が81％であった。①と②の間の差は、H群では有意ではなかったが、L群では有意であったことから、L群は「子どもの論理」をもっているが、H群は「大人の論理」に近づいていると言えるように思われた（補注30の脇中（2001）を参照）。

33 計算テストの結果によってH群（上位群）とL群（下位群）に分けたところ、「12の3倍は（ ）」と「（ ）は15の3倍」の正答率は、H群はそれぞれ100％、92％であったが、L群はそれぞれ86％、14％であった。つまり、L群では、「（ ）は15の3倍」において、逆数の考え方を使って「15÷3＝5」と答えた生徒が多かったようである（脇中起余子　1997　聴覚障害生徒にとっての「は」ないし「＝」の意味に関する一考察―「～倍」文と「多い」文を通して　ろう教育科学，**39**（2），63-76.）。

34 計算テストの結果によってH群（上位群）とL群（下位群）に分け、いろいろな式が正しいか否かを尋ねたところ（当てずっぽうに答えたときの正答率は50％になることに留意されたい）、計算力があると思われるH群において、「$\frac{2}{5}+\frac{3}{8}=\frac{5}{13}$」と「$5\chi+2\chi=7\chi$」の正答率はいずれも100％であったにもかかわらず、「①$7\frac{3}{5}-\frac{3}{5}=7$」「②$7\frac{3}{5}-7=\frac{3}{5}$」「③$3\chi-\chi=3$」「④$3\chi-$

3＝χ」の正答率はそれぞれ38、50、63、50％であった。したがって、計算力があるにもかかわらず、どのようなときに「ＡＢ－Ａ＝Ｂ」や「ＡＢ－Ｂ＝Ａ」が成立するかの判断は難しいようである（補注18の脇中（2000）を参照）。

35　1996年度から2002年度までの間に京都聾学校高等部に在籍した生徒について、博士論文で段階（ア）（イ）（ウ）のいずれに属するかを判断する基準を統一したが、段階（ウ）にいるとされる「Ｈ群」は全体の28％であった。また、段階（イ）を二分して生徒全員を「上位群」と「下位群」に分けたところ、上位群の比率は全体の44％であった。さらに、「Ｈ群」または「上位群」は「９歳の壁」を越えていると仮定し、京都聾学校の幼稚部を修了した者の何％が「Ｈ群」または「上位群」になるかを推測したところ、「京都聾学校幼稚部に在籍した者（重複障害児・生徒を除く）の54～74％が、『９歳の壁』を越えていると言えるように思われる」ことが記されている（詳細は補注29の脇中（2005）を参照）。

36　補注33の脇中（1997）や下記の脇中（1998c）を参照

脇中起余子　1998c　聴覚障害生徒にとっての「は」ないし「＝」の理解に関する一考察―「～倍」文・「多い」文などを通して　ろう教育科学，**40**（3），131-146.

37　補注19の脇中（1999b）や脇中（2003a）を参照

38　岸本裕史　1984　計算の力をきたえる　たかの書房

39　補注18の脇中（2000）を参照

40　７章❸節（６）を参照

41　７章❸節（５）を参照

42　補注8の岡本（1985）を参照

43　Bernstein, B.　1959　A Public language: Some sociological implications of a linguistic form. *Brit. J. Social.*, **10**, 311-326.　永野重史（訳）　1971　言語の発達　藤永保（編）　講座心理学　第11巻　精神発達　東京大学出版会

44　補注22の外川（2002）を参照

45　Baker, C.　1993　*Foundations of Bilingual Education and Bilingualism.* Clevedon: Multilingual Matters.　岡秀夫（訳）　1996　バイリンガル教育と第二言語習得　大修館書店

46　補注45のBaker（1993）の訳者岡秀夫は、BICSを「伝達言語能力」、CALPを「学力言語能力」と訳し、山本雅代（1996、補注47を参照）は、BICSを「基本的対人伝達能力」、CALPを「認知・学習言語能力」と訳している。

47　東照二　2000　バイリンガリズム―二言語併用はいかに可能か　講談社
山本雅代　1996　バイリンガルはどのようにして言語を習得するのか　明石書店など

48　齋藤佐和　1983　生活言語から学習言語へ　聴覚障害，**38**（8），27-32.

49　齋藤佐和　2006　日本語による言語概念形成―「五歳の坂」　聴覚障害，**660**（2006年3月号），2-3.

50　聾教育界では「９歳の壁」という語のほうがよく用いられているが、聴児における「10歳の壁」を取り上げたNHK（2010）や渡辺（2011）は、そのタイ

トルに「10歳の壁」を用いた理由をはっきり述べていない。筆者は、聴覚障害児の場合、生活言語を十分に獲得しておらず、小学校低学年の学習内容の理解も課題となる例が多く、聴児の場合、生活言語は獲得できているが、学習言語に慣れておらず、小学校高学年以降の学習内容の理解が困難となる例が多いことと関連するのだろうかと考えたことがある。

51　Cole, M. & Scribner, S. 1974 *Culture & Thought: A Psychological Introduction.* New York: Jhon Wiley & Sons. 若井邦夫（訳） 1982 文化と思考　サイエンス社

52　補注23の天野ら（1992）を参照

53　補注24の苅谷ら（2002）を参照

54　補注3の京都府立聾学校高等部（1964）を参照

55　四日市章　1995　聴覚障害児の算数・数学学習　聴覚障害, **50**（12）, 14-16.

56　補注8の岡本（1985）を参照

57　国立国語研究所　1981　幼児・児童の連想語彙表　国立国語研究所報告69　東京書籍

58　脇中起余子　1987a　児童の「概括作用」についての実験的検討―カード分類テストを通して　京都大学教育学部, **33**, 99-109.

59　清水美智子　1961　概念化の発達的研究　ろう教育科学, **3**（1）, 11-24.

60　脇中起余子　1987b　聴覚障害児の概念に関する実験的研究（1）　ろう教育科学, **29**（2）, 93-106.

脇中起余子　1988a　聴覚障害児の概念に関する実験的研究（2）　ろう教育科学, **30**（1）, 29-42.

脇中起余子　1988b　聴覚障害児の概念に関する実験的研究（3）　ろう教育科学, **30**（2）, 93-105.

61　「クジラ＞ゾウ＞馬＞犬＞ネズミのとき、『Pは犬より大きく、ゾウはPより小さい』のPは？」の答えは「クジラ」であるが、京都聾学校高等部生徒の正答率は38％であった（脇中起余子　1999a　聴覚障害生徒の「連言命題」の理解に関する一考察　ろう教育科学, **41**（1）, 7-23.）。

62　補注38の岸本（1984）を参照

63　補注30の脇中（2001）を参照

64　この発音指導の先生は、戦前に京都聾学校の第二教室や滋賀聾話学校に勤務された先生である。

65　補注58の脇中（1987a）を参照

66　銀林浩　1994　子どもはどこでつまずくか　数学教育を考え直す　国土社

67　詳しくは、下記の文献などを参照されたい。

脇中起余子　2009　聴覚障害教育　これまでとこれから―コミュニケーション論争・9歳の壁・障害認識を中心に　北大路書房

68　「音韻意識」については、5章❷節（1）を参照

69　菅谷明子・笠井紀夫・福島邦博　2012　3. 質問―応答関係検査の得点分布から考えられること　テクノエイド協会　聴覚障害児の日本語言語発達のために―ALADJINのすすめ　Pp.140-143.

70　長南浩人　2011　聴覚障害児の読み書き指導（第10回）　聴覚障害, **718**（2011

年 1 月号), 33-41.

71 「キュー」というのは、手のサインと口形の両方を総合して日本語を理解する方法である。「ア行」「カ行」などの各行で手のサインが決められている。例えば「し (si)」や「ひ (hi)」は、口形だけでは読唇が難しいが、手のサインが「サ行」を表しているものであれば、口形の「イ形」と組み合わせて、「し」とわかる。

72 「指文字」は、50 音のそれぞれに手の形が決められており、口を閉じても区別して表せるものである。例えば「か (Ka)」と「き (Ki)」は別々の手のサインであり、共通点はない。キューの場合は、「か (Ka)」と「き (Ki)」の両方に「K」(カ行) を表す手のサインが添えられる。

73 補注 71 を参照

74 補注 72 を参照

75 幼少時から置かれた環境に原因があると考える例として、以下の文献がある。

四日市章 1999 パーソナリティの形成 中野善達・吉野公喜 (編) 聴覚障害の心理 田研出版 Pp.115-133.

岡山聾学校中学部 2011 一人一人の自主性・社会性を高めるために 聴覚障害, **729** (2011 年 12 月号), 4-12.

76 中村賢司 2011 私がリライト教材の使用を躊躇する理由—児童が物語世界を感受し体験する構造についての試論 聴覚障害, **718** (2011 年 1 月号), 18-24.

77 トルストイ. A. 内田莉莎子 (訳) おおきなかぶ 福音館書店

78 トルストイ. A. 西郷竹彦 (訳) おおきなかぶ 光村図書 (小学校 1 年生)

79 脇中起余子 2007 よく似た日本語とその手話表現—日本語の指導と手話の活用に思いをめぐらせて 第 1・2 巻 北大路書房

80 脇中起余子 2008 からだに関わる日本語とその手話表現 第 1・2 巻 北大路書房

81 脇中起余子 2012a 助詞の使い分けとその手話表現—格助詞を中心に 第 1 巻 北大路書房

脇中起余子 2012c 助詞の使い分けとその手話表現—副助詞・接続助詞＋接続詞を中心に 第 2 巻 北大路書房

82 鈴木孝夫 1990 日本語と外国語 岩波書店

83 補注 82 の鈴木 (1990) を参照

84 筆者個人としては、右図のようなイメージを抱いている。すなわち、①は、「涼しい顔」のようにかなり高度な生活言語を獲得していないと解けない領域であり、②は、「新出」(新しく出る) のように表意文字である漢字を利用して意味を理解したり問題を解く場数を踏むことで解けるようになったりする領域である。そして、読書力診断検査の小学

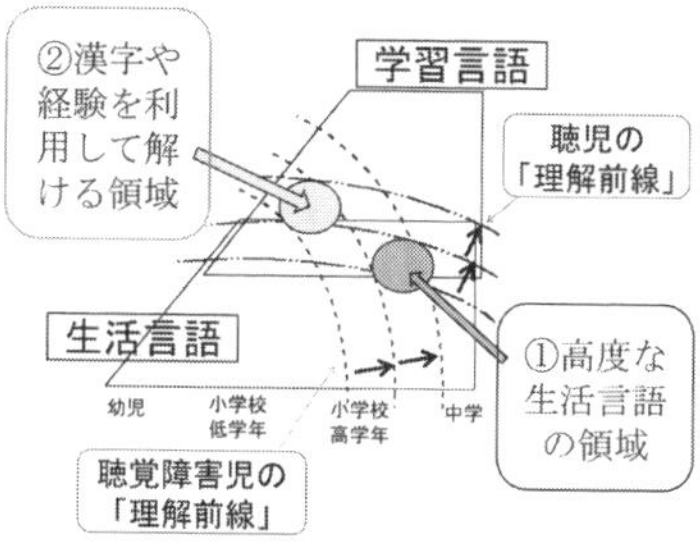

校高学年用は①の領域の問題が多く、中学校用は②の領域の問題が多いのではないか、それで、前者で「小５該当」と出て、後者で「中２該当」と出るケースが見られることになるのではないかと考えたことがある。実際筆者は、高等部生徒であっても「全部はできなかった」と「全部できなかった」、「～へのみやげ」と「～のみやげ」、「～してほしい」と「～したい」、「～たんじゃないか」と「～たじゃないか」の違いを正確に理解できている比率はかなり低いことを見出しており（『ろう教育科学』に発表予定）、中学校の問題ができて小学校の問題ができないというアンバランスなものを、ここでも感じさせられた。

85　全日本ろうあ連盟　2007　わたしたちの手話　新しい手話 2008

86　糸山泰造　2003　絶対学力　文春ユネスコ

87　「リンゴは赤い」と言って、青いリンゴを「リンゴ」と認められなかった例、答えが間違っている理由を教師が説明しようとすると、「説明はいいから答えだけを教えてくれ」と言った生徒の例などがあげられよう。

88　長南浩人　2010　聴覚障害児の読み書き指導（第４回）聴覚障害，**712**（2010年７月号），26-34.

89　例えば「く→か、む→ま、す→（　）」の答えがすぐにわかる力があると、「行く→行かない、読む→読まない、消す→消（　）ない」の答えもすぐにわかるだろう。聴児は、発音できるので、「ku → ka、mu → ma、su → (sa)」とすぐにつながりが理解できるだろう。指文字は、50 音が全て別々のサインであるが、キューは、手のサインが子音部分を、口形が母音部分を表すので、キュー使用児は上記の答えが理解しやすいと思われる。したがって、指文字を導入する場合は、別の取り組みによって「50 音のつながり」を意識化させることが必要となると考える（補注 67 の脇中（2009）を参照）。

90　補注 13 の NHK エデュケーショナル教育部（2010）を参照

91　六本良多　2010　10 歳の壁とは何か　取材ノートから　NHK エデュケーショナル教育部　「10 歳の壁」プロジェクト報告書，15-21.

92　宮下恵子　2011　読書力診断検査から考えたこと―学年相応群と未到達群の相違点に着目して　聴覚障害，**721**（2011 年４月号），12-17.

93　補注 30 の脇中（2001）を参照

94　補注 61 の脇中（1999a）を参照

95　大西孝志　2011　言語指導と言語活動の充実　聴覚障害，**718**（2011 年１月号），2-3.

96　磯部史子　2010.　聴覚障害教育における作文指導のために（3）―実践報告　高等部における作文指導について　聴覚障害，**706**（2010 年１月号），39-44.

97　補注 91 の六本（2010）を参照

98　澤隆史　2011「実用的」な日本語力の獲得に向けて　聴覚障害，**720**（2011年３月号），2-3.

99　佐藤文昭　2011　聴覚障害児の生活に生かした読解力の向上を目指した取組について―PISA 型読解力の育成の視点から　聴覚障害，**721**（2011 年４月号），4-11.

100　有本（1995）によると、①の「ナンセンスなかけ算」の問題の正答率は、小

５の聴児は、「おかしな問題が混じっている」と言われないＴ条件では８％であり、言われるＳ条件では64％であったという。③のような「条件不備の問題」では、Ｔ条件では23％、Ｓ条件では82％であったという（有元典文　1995　第９章　状況的認知における授業構成　吉田甫・多鹿秀継（編著）認知心理学からみた数の理解　北大路書房）。

101　有本（1995）と同じ問題を京都聾学校高等部で実施したところ、①の「ナンセンスなかけ算の問題」では、Ｔ条件が10％、Ｓ条件が35％であった。②の「ナンセンスなたし算」の問題では、Ｔ条件が５％、Ｓ条件が８％であった。③の「条件不備」の問題では、Ｔ条件が30％、Ｓ条件が58％であった（補注29の脇中（2005）を参照）。

102　１円硬貨は１ｇで、100円硬貨は4.8ｇと定められているので、100円硬貨の重さは１円硬貨の約５倍あることになる。京都聾学校高等部生徒の正答率は24％であり、59％の生徒が「100」を選んでいたことから、重さと金額を混同する傾向が見られると言えよう（補注29の脇中（2005）を参照）。

103　補注30の脇中（2001）を参照

104　江口朋子　2012　日々の試行錯誤が授業力を鍛える　聴覚障害，**735**（2012年６月号），39-41.

105　山之内幹　2010　聾児へのペープサートによる生活指導の試み（2）　聴覚障害，**712**（2010年７月号），18-25.

106　補注75の岡山聾学校中学部（2011）を参照

107　天神林吉寛　2010　「わたりの指導」　聴覚障害，**710**（2010年５月号），40-43.

108　鈴木恵利子　2011　「話し合い」活動の展開における教師の役割について―聾学校幼稚部５歳児学級の授業事例の検討　聴覚障害，**723**（2011年６月号），4-15.

109　江口朋子　2010　朝の15分…　聴覚障害，**710**（2010年５月号），46-48.

110　補注91の六本（2010）を参照

111　習熟度別指導に対する佐藤氏の考え方については、以下の文献などを参照。
佐藤学　2010　「10歳の壁」と学力問題　NHKエデュケーショナル教育部「10歳の壁」プロジェクト報告書，22-25.
佐藤学　2004　習熟度別指導の何が問題か　岩波ブックレットNo.612　岩波書店

112　内田伸子　2010　言語力を育てる―9・10歳の壁と考える力の質的向上　NHKエデュケーショナル教育部「10歳の壁」プロジェクト報告書，36-45.

113　McGurk, H & Macdonald, J.　1976　Hearing lips and seeing voices. *Nature*, **264**, 746-748.

114　後藤まさ子　2011　幼児期の発音の指導　聴覚障害，**727**（2011年10月号），4-10.

115　木村和弘　2010　「吉野家」と「中川家」　聴覚障害，**709**（2010年４月号），32-33.

116　「視覚優位型」で「継次処理型」の人や「聴覚優位型」で「同時処理型」の

人がいるかどうかについて、筆者にはわからないが、「聴覚優位型」で「継次処理型」の人と「視覚優位型」で「同時処理型」の人が多いだろうと思ったので、前者をA型、後者をB型と称することにした。

117　脇中起余子　2012b　「視覚優位型・同時処理型」の生徒に対する指導について―算数・数学の授業における試み　聴覚障害，**734**（2012年5月号），4-11.

118　「相対参照」と「絶対参照」は、エクセルで数式をコピーしたときに生じる問題であり、前者は、コピー先でそこのセル範囲に合わせて行番号と列番号が変化する参照の仕方のことで、後者は、行・列ともに固定させる参照の仕方のことである。また、「虫の視点」は「ミクロ視点」、「鳥の視点」は「マクロ視点」とも言えよう。

119　例えば、「AはBより5多い。Aが20のとき、Bはいくつか」について、作図法（Aの線をBの線より長く引いて作図し、Bはいくつかを考える方法）と立式法（「は→＝」「より5多い→＋5」と覚え、日本語の文を見て「20＝(　)＋5」と立式し、それから答えを導く方法）の2つを示す。「最初（　）個あったが、5個もらったので、3個になった」について、イメージ法（「5個もらったのに3個になるのは、おかしい」とイメージして考える）と鳥瞰図法（「最初の個数＋もらった個数＝あとの個数」を公式として覚え、「(　)＋5＝3」と立式し、それから答えを考えて「答えがない。この問題はおかしい」と言う方法）の2つを示す。B型の生徒は、「作図法」より「立式法」を、「イメージ法」より「鳥瞰図法」を好む例が多いと感じている（詳細は、補注67の脇中（2009）や補注117の脇中（2012b）を参照されたい）。

120　京都聾学校高等部において、「白紙に返す」の「白紙」の意味として、正答は「もとの状態」であるが、57％の生徒が「何も書いていない紙」や「白色の紙」のように「紙」という語が含まれている選択肢を選んだ。「折り紙つきの作品」の「折り紙つき」の意味として、正答は「保証つきの」であるが、71％の生徒が「折り紙」や「二つ折りの紙」「折り鶴」が含まれている選択肢を選んだ。「水際だった」の意味として、正答は「立派で目立つ」であるが、57％の生徒が「みずみずしい」「水面にうつった」のように「みず・水」が含まれている選択肢を選んだ。これらは「目に見える文字」にこだわった回答であると言えよう。また、「人の間をかきわける」の「かきわける」の意味を「通り抜ける、配って歩く、邪魔する、手で押し分ける」から選ぶ問題では、82％が「通り抜ける」を選択したが、これは「結果」に着目したものと言えよう。

121　脇中起余子　2002　K聾学校高等部における九九に関する調査から―九九の読み方をどれぐらい覚えているかを中心に　ろう教育科学，**44**（1），7-46.

122　脇中起余子　2003b　K聾学校高等部生徒の記憶方略に関する一考察―「音声方略」と「手話口形方略」のどちらが有効か　ろう教育科学，**45**（2），53-70.

123　補注119を参照

124　補注84を参照

125　補注7の坂本（2009）を参照